学生轻阅读书系

统编教材阅读延展

中学外国名篇

汤年华　编著

辽宁美术出版社

图书在版编目（CIP）数据

统编教材阅读延展. 中学外国名篇/汤年华编著
. —沈阳:辽宁美术出版社，2018.12
（学生轻阅读书系）
ISBN 978-7-5314-8223-9

Ⅰ. ①统… Ⅱ. ①汤… Ⅲ. ①阅读课－中学－课外读物Ⅳ. ① G634.333

中国版本图书馆 CIP 数据核字（2018）第 288740 号

出 版 者：辽宁美术出版社
地　　址：沈阳市和平区民族北街29号　邮编：110001
发 行 者：辽宁美术出版社
印 刷 者：辽宁星海彩色印刷有限公司
开　　本：170mm × 240mm　1/16
印　　张：14
字　　数：200千字
出版时间：2018年12月第1版
印刷时间：2018年12月第1次印刷
责任编辑：孙郡阳
装帧设计：山　水
责任校对：郝　刚
ISBN 978-7-5314-8223-9
定　　价：28.00 元

邮购部电话：024-83833008
E-mail：lnmscbs@163.com
http：//www.lnmscbs.com
图书如有印装质量问题请与出版部联系调换
出版部电话：024-23835227

出版说明

从2017年9月新学年开学起，全国初中生将使用由教育部直接组织编写的“部编本”语文教材，之前各种版本的其他教材将陆续退出舞台，中学语文教材“一纲多本”的时代将终结，学生阅读格局将走进新的天地。

在内容编排上，“部编本”新教材围绕人文主题和语文要素两条线索整体规划各单元主题，强化语文学习的综合性和实践性。在阅读教学设计中，新教材注重延展课外阅读，构建由“教读课文”、“自读课文”和“课外阅读”构成的“三位一体”的阅读体系，希望以此来改变现在学生普遍读书太少的状况。

根据这样的宗旨，我们组织编写《统编教材阅读延展·中学外国名篇（学生轻阅读书系）》这本书，主要贯彻以下三个方面的思路。

一是通过提供“课外阅读”优秀篇目，进一步提升名家的品牌形象，让学生对这些名家产生偏好，从而调动学生阅读这些名家其他作品的兴趣，帮助学生提升课内外阅读总量，达到新课标要求。

二是在选文上贯彻“守正”的立场，强调经典性、文质兼美，对于学生提高阅读水平和作文水平有明显帮助，不选“时文”。

三是对于即将退出历史舞台的各种版本的其他教材进行抢救式保护，收集其中特别有营养并且符合新教材阅读指导思想的文章。

因此，《统编教材阅读延展·中学外国名篇（学生轻阅读书系）》坚持新教材意识形态的正确导向，同时又兼收并蓄各种教材的精华，并贯彻学生轻阅读书系“轻松读、轻快读、轻灵读”的原则，特别追求可读性，是新教材时代值得一读的课外读物。

阅读是一种人生方式（代序）

曹文轩

我一直坚信，阅读不仅仅是一种行为，还是一种人生方式。

阅读是对一种生活方式、人生方式的认同。阅读与不阅读，区别出两种截然不同的生活方式或人生方式。阅读的生活和人生的那一面，便是不阅读的生活和人生。这中间是一道屏障、一道鸿沟，两边是完全不一样的气象。一面草长莺飞，繁花似锦；一面必定是一望无际、令人窒息的荒凉和寂寥。

一种人认为，人既然作为人，存在着就必须阅读。人并不只是一个酒囊饭袋——肉体的滋长、强壮与满足，只需五谷与酒肉，但五谷与酒肉所饲养的只是一具没有灵魂的躯体。这种可以行走、可以叫嚣、可以斗殴与行凶的躯体，即使勉强算作人，也只是原初意义上的人。关于人的意义，早已不是生物学意义上的。生物学意义上的人是两腿直立行走的动物。现代，人的定义却是一种追求精神并从精神上获得愉悦的动物——世界上唯一的那种动物，叫人。这种动物是需要通过修炼的。而修炼的重要方式，或者说是重要渠道，就是读书。

另一种人认为，其实，他们并没有所谓的“认为”，他们不阅读，并不是因为他们对阅读持有否定的态度，而是因为他们浑浑噩噩，连天下有无阅读这一行为都未放在心上。即使书籍堆成山耸立在他们面前，他们也不可能思考一下：它们是什么？它们与我们的人生与生活有何关系？吸引这些人的只是物质与金钱，再有便是各种各样的娱乐，比如麻将、赌博或洗脚房。至于那些明明知道阅读的意义却又禁不住被此类享乐诱惑而不去亲近图书的人，我们更要诅咒。因为这是一种主动放弃的堕落。几乎可以说，这是一种明知故犯的自我欺瞒。

古人对读书很在意，尽管读书人在社会上地位不高。但读书与读书人是两回事。看不起读书人，但却看得起读书，于是留下了许多发愤读书的故事。如“萤入疏囊”“雪映窗纱”“凿壁偷光”“头悬梁，锥刺骨”，等等。

但是古人对读书的益处，认识得似乎并不很深刻。在某些高雅之士那里，虽有“读书可以修身养性”的认识，但在一般人眼里，读书的目的仅仅是功利的“书中自有黄金屋，书中自有颜如玉”。因此，过去一般的读书人，总不在一个较高的境界。他们虽也孜孜不倦，但读来读去，还是脱不去一身俗气。很少有阅读的快意，更少有达抵人生审美境界的陶醉。他们没有看到上方的精神殿堂，没有看出那书原是一级一级的台阶，读书则是拾级而上，往那上方的殿堂里去的。

读书人与不读书人就是不一样，这从气质上便可看出。读书人的气质是读书人的气质，这气质是由连绵不断的阅读潜移默化养就成的。有些人，就造物主创造了他们的这些毛坯而言，是毫无魅力的，甚至可以说很不完美。然而，读书生涯竟使他们由内而外获得了新生。依然还是从前的身材与面孔，却有了一种比身材、面孔尊贵得多的叫“气质”的东西。我认识的一些先生，当他们安坐在藤椅里向你平易近人地叙事或论理；当他们站在讲台上不卑不亢不骄不躁地讲述他们的发现；当他们在餐桌上很随意地诙谐了一下，你就会觉得这些先生真是很有神采，使你对眼前的这些形象过目不忘，永伫心中。有时我也会想：如果这些先生不是读书人又将如何？我且不说他们的内心因精神缺失而陷入平庸与俗气，就说其表，大概也是很难让人恭维的。此时，我就会惊叹读书的后天大力，它居然能将一个外表平平甚至其貌不扬的人变得如此地富有魅力，使你觉得他们的奕奕风范，好不让人仰慕。此时，你便会真正领略“书卷气”的迷人之处了。

阅读，是一种具有美感的人生方式。

曹文轩，1954年生于江苏省盐城市。1974年入北京大学中文系读书。中国作家协会全国委员会委员。现为北京大学中文系教授和现当代文学博士生导师。北京作家协会副主席，北京大学中文系当代文学教研室主任，中国作家协会儿童文学委员会委员，中国作家协会鲁迅文学院客座教授。代表作有《草房子》《红瓦》《天瓢》等。曾获国际安徒生奖、宋庆龄儿童文学奖金奖、冰心文学奖大奖、国家图书奖等四十多项奖项。

目 录

钢铁是怎样炼成的（节选）

[苏联]奥斯特洛夫斯基

作者简介

奥斯特洛夫斯基（1904—1936），前苏联作家，小说《钢铁是怎样炼成的》是他唯一的作品。奥斯特洛夫斯基出生在一个普通的工人家庭，做过童工，经历过战争并在争斗中受伤，复员后到工厂工作，直至完全瘫痪。他在全身瘫痪的情况下，用三年时间创作了这部震撼世界的经典之作。小说主人公保尔·柯察金在家乡烈士墓前的一段独白，是作者人生追求的写照，成了千百万人的座右铭："人最高贵的是生命，生命每个人只有一次。人的一生应当这样度过：当回忆往事的时候，他不会因为虚度年华而悔恨，也不会因为碌碌无为而羞愧；在临死的时候，他能够说：'我的整个生命和全部精力，都已经献给了世界上最壮丽的事业——为人类的解放儿斗争。'"

内容简介

《钢铁是怎样炼成的》以主人公保尔·柯察金的成长经历为主要内容，记录了一个坚定的布尔什维克战士在成长过程中所遇到的巨大的艰难困苦，不管是精神上还是身体上他都曾经遭受了毁灭性的打击，唯有坚强的信念、纯洁的信仰和对共产主义道路的执着、对祖国和人民深沉的爱，使他始终坚定地跋涉在崎岖的理想之路上，最终成为钢铁战士，拥有不朽的灵魂。

名篇节选

海浪在他脚下拍打着岸边的乱石。从遥远的土耳其吹来的干燥的海风，吹拂着他的脸。这里的海岸曲折地弯进陆地，形成一个港湾，港口有一条水泥的防波堤。蜿蜒起伏的山峦伸到海边突然中断了。市郊的一座座小白房像玩具似的，顺着山势向上，伸展到很远的地方。

古老的郊区公园里静悄悄的。很久没有人收拾的小径长满了野草。被秋风吹落的枯黄的槭树叶，慢慢地飘向地面。

一个波斯老车夫把保尔从城里拉到这里。他扶着这位古怪的乘客下车的时候，忍不住问道："你到这儿来干吗？这里没姑娘，也没戏院，只有胡狼……真不明白，你来干什么！还是坐我的车回去吧，先生！"

保尔付了车钱，老车夫也就走了。

公园里一个人也没有。保尔在海边找到一条长凳，坐了下来，让已经不太热的太阳照着他的脸。

今天，他特意到这僻静的地方来，回顾他的生活历程，考虑今后该怎么办。该是进行总结、做出决定的时候了。

保尔第二次到丘察姆家，把这一家的矛盾激化到了极点。

老头子听说他来了，暴跳如雷，在家里大闹了一场。领着母女三人进行反抗的，当然是保尔了。老头子没有想到，妻子和女儿会给他这样有力的反击。从保尔来的那天起，这一家人就分开过了，两边的人互相敌对，彼此仇视。通向两位老人房间的过道被钉死了，其中一间小厢房租给了保尔。房钱是预先付给老头子的。他似乎很快也就坦然了：两个女儿既然同他分了家，就再也不会向他要生活费了。

从外交上着想，阿莉比娜仍然跟老头子住在一起。老头子不愿意同那个冤家照面，从来不到年轻人这边来。但是在院子里，他却像火车头一样喘着粗气，表示他就是这里的主人。

老头子没有到合作社工作以前，会两门手艺——掌鞋和做木工活。他把板棚改成了作坊，抽空捞点外快。现在，为了同房客捣乱，他故意把工作台搬到保尔的窗子底下，幸灾乐祸地使劲敲钉子。他非常清楚，这样一来保尔就看不成书了。

"等着瞧吧。我早晚要把你赶出去……"他低声嘟哝着。

保尔双手抱着头，陷入了沉思。他的一生，从童年到现在，一幕幕在他眼前闪过。这二十四年他过得怎么样？好，还是不好？他一年又一年地回忆着，像一个铁面无私的法官，检查着自己的一生。结果是——他非常满意，这一生过得还不怎么坏。

当然他也犯过不少错误，有时是因为糊涂，有时是因为年轻，多半则是由于无知。但最主要的一点是，在火热的斗争年代，他没有睡大觉；在夺取政权的激烈搏斗中，他找到了自己的岗位；在革命的红旗上，也沾有他的几滴鲜血。

我们的旗帜在全世界飘扬，
它燃烧，放射出灿烂的光芒，
那是我们的热血，鲜红似火……

他小声诵读着他喜爱的一首歌曲中的诗句，难为情地笑了。“老弟，你那点英雄浪漫主义，还没有完全扔掉呢。平平常常、普普通通的东西，你总爱给它们抹上一层绚丽的色彩。可要说到辩证唯物主义的钢铁逻辑，老弟，那你就差多啦。着忙生什么病呢？过五十年再生也不晚嘛。现在应该学习，正是大好时机。而眼下要紧的是活下去。我怎么那么早就给捆住了手脚呢？”他十分痛苦地想着，五年来第一次恶狠狠地骂开了。

难道他能料到这种飞来的横祸吗？老天爷给了他一副什么都经受得起的、结结实实的身板。他回想起小时候跟风比赛，飞快地奔跑；爬起树来跟猴子一样灵活，四肢有力、肌肉发达的身子能够轻而易举地从这根树枝挪腾到那根树枝上。但是动乱的岁月要求人们付出超人的力量和意志。他没有吝惜，而是毫无保留地把全部精力奉献给了以不灭的火焰照亮他生活之路的斗争。他献出了他拥有的一切，到了二十四岁，风华正茂之时，正当胜利的浪潮把他推上创造幸福生活的顶峰，他却被击中了。他没有马上倒下，而是像一个魁伟的战士，在耗尽全部精力以前，他一刻也没有离开过战斗的队伍。现在他身体垮了，再也不能在前线坚持战斗了。唯一能做的事是进后方医院。他还记得,在进攻华沙的激战中，一个战士被子弹打中，从马上跌下来，摔倒在地上。战友们给他匆忙地包扎好伤口，把他交给卫生员，又翻身上马，追赶敌人去了。骑兵队伍并没有因为失去一个战士而停止前进。为伟大的事业进行斗争的时候就是这样，也应该是这样。他就见到过失去双腿的机枪手在机枪车上坚持战斗。这些战士对敌人来说是最可怕的人，他们的机枪给敌人送去死亡和毁灭。这些同志意志如钢，枪法准确，他们是团队的骄傲。不过，这样的战士毕竟不多。

现在，他身体彻底垮了，失去了重新归队的希望，他该怎样对待自己呢？他终于使巴扎诺娃吐露了实情。这个女医生告诉他，前面还有更可怕的不幸等待着他。怎么办？这个恼人的问题就摆在面前，逼着他解决。

他已经失去了最宝贵的东西——战斗的能力，活着还有什么用呢？在今天，在凄凉的明天，他用什么来证明自己生活的价值呢？又用什么来充实自己的生活呢？光是吃、喝、呼吸吗？当一名力不从心的旁观者，看着战友们向前冲杀吗？就这样成为战斗队伍的累赘吗？他想起了基辅无产阶级的领袖叶夫格妮亚·博什。这位久经考验的女地下工作者得了肺结核，丧失了工作能力，不久前自杀身亡。她在简短的留言中解释了这样做的理由："我不能接受生活的施舍。既然自己成了党的病患，那么我认为继续活下去是不必要的。"

"把背叛了自己的肉体也消灭掉，怎么样？朝心口开一枪，就完事了！过去既然能够生活得不坏，现在也应该能够适时地结束生命。一个战士不愿再受临终前痛苦的折磨，谁能去责备他呢？"

他的手摸到了口袋里光滑的勃朗宁手枪，手指习惯地抓住了枪柄。他慢慢掏出手枪。

"谁想到你会有今天？"枪口轻蔑地直视着他的眼睛。他把手枪放到膝上，恶狠狠地骂了起来："这算什么英雄，纯粹是冒牌货，老弟！任何一个笨蛋，随便什么时候，都会对自己开一枪。这样摆脱困境，是最怯懦、最省事的办法。你试过去战胜这种生活吗？你尽一切努力冲破这铁环了吗？把枪藏起来吧，永远也不要对任何人提起这件事。

"就算到了生活已经无法忍受的时候，也要善于生活下去，要竭尽全力，使生命变得有益于人民。"

他站起来，朝大道走去。一个过路的山里人赶着四轮马车，顺路把他拉进城里。进城后，他在一个十字路口买了一份当地的报纸。报上登着本市党组织在杰米扬·别德内依俱乐部开会的通知。保尔回到住处的时候，已经是深夜了。他在积极分子会议上讲了话，自己也没有想到，这竟是他最后一次在大会上讲话。

达雅还没有睡。保尔出去这么久没有回来，她很担心。他怎么啦？到哪儿去了呢？她发觉保尔那双一向活泼的眼睛，今天显得严肃而冷漠。他很少讲到自己，但是达雅感觉到，他正在遭受某种不幸。

母亲房里的钟敲了两下，外面传来了叩门声。她立即披上外套，跑去开门。廖莉娅在自己房间里，喃喃地说着梦话。

“我都担心你出了什么事呢。”保尔走进过道的时候，达雅小声对他说。她很高兴他终于回来了。

“我是到死也不会出什么事的，达雅。怎么，廖莉娅睡了吗？你知道，我一点也不想睡。我想跟你谈一谈今天的事。到你屋里去吧，要不，会把廖莉娅吵醒的。”他也小声对她说。

达雅犹豫了一下。她怎么好深更半夜还同他在一起谈话呢？母亲知道了，会怎么想呢？但是这话又不便对保尔讲，他会不高兴的。再说，他想告诉她什么呢？她一边想，一边已经走进自己的房间。

“是这么回事，达雅。”他们在黑暗的房间里面对面地坐下之后，保尔压低了声音说，“生活发生了这样的变化，我自己也有点儿莫名其妙。这些日子我心情很不好。我不知道以后我该怎么生活。有生以来，我从来没有像这几天这样苦闷。今天我做出了非常重要的决议。我把这些话告诉你，你可不要感到奇怪。”

保尔把近几个月的全部心情和今天在郊区公园里的许多想法都告诉了达雅。

“情况就是这样。现在谈谈主要的吧。你们家里的这场好戏刚刚开锣，你得冲出去，吸吸新鲜空气，离开这个窝越远越好。应该重新开始生活。我既然卷入了这场斗争，咱们就把它进行到底。你我两人的生活都不痛快。我决心放一把火，让它烧起来。你明白我的什么意思吗？你愿意做我的朋友，做我的妻子吗？”

达雅一直十分激动地听着保尔的倾诉，听到最后一句，她感到很意外，不由得打了一个寒战。保尔接着说：“达雅，我并不要求你今天就答复我。你好好地全面地想一想。你一定不明白，这个人怎么不献一点殷勤、不说一句甜言蜜语，就提出这种问题。要那套无聊的玩意儿干什么呢！我把手伸给你，就在这儿，小姑娘，握住它吧。要是这次你相信我，你就不会受骗的。我有许多东西是你需要的，反过来也是一样。我已经想好了，咱们的结合一直延续到你成长为一个真正的人，成为我们的同志，我一定能帮助你做到这一点，不然，我就一点价值也没有了。在这之前，咱们都不能破坏这个结合。一旦你成熟了，你可以不受任何义务的约束。谁知道，也许有一天我会完全瘫痪。不过你记住，到那时候我也决不拖累你。”

稍停片刻，他又亲切而温情地说：“现在我就请你接受我的友谊和爱情。”

他握住她的手不放，心情很平静，好像她已经答应了他似的。

“你不会抛弃我吗？”

“达雅，口说不足为凭。你相信一点好了，像我这样的人是不会背叛朋友的，但愿朋友们也不背叛我。”他辛酸地结束了他的话。

“我今天什么都不能对你说，这一切来得太突然了。”她回答说。

保尔站了起来。“睡吧，达雅，天快亮了。”

他回到自己房间，和衣躺在床上，头刚挨着枕头，就睡着了。

保尔房间里，靠窗有一张桌子，上面放着几摞从党委图书馆借来的书、一沓报纸和几本写得满满的笔记。不久，他就陆续借来了大量书籍。廖莉娅看着他，觉得很惊奇，他从清早到晚上一直埋头读书，做笔记，只在吃饭的时候才休息一会儿。每天晚上，他们三个人都在廖莉娅房间里谈天，保尔把读到的东西讲给姐妹俩听。

老头子后半夜到院子里，总是看到那个不受欢迎的房客的窗户里透出一线灯光。老头子踮起脚，悄悄走到窗前，从窗板缝里看到了伏在桌子上读书的保尔的头。

“别人都睡了，可这位呢，点着灯整宿不睡。大模大样，像是他当家一样。两个丫头也敢跟我顶嘴了。”老头子闷闷不乐地走开了。

八年来，保尔第一次不担任任何工作，有这么多的空闲时间。他像一个刚刚入门的学生，如饥似渴地读着书，每天读十八个小时。长此以往，他的健康会受到多大的危害，就难说了。幸好有一天，达雅很随便地告诉他：“我把柜子搬开了，通你房间的门已经可以打开。你有什么事要找我谈，可以直接走这道门，不用再穿过廖莉娅的房间了。”

保尔的脸上露出了光彩。达雅高兴地浅浅一笑——他们的结合成功了。

格列佛游记（节选）

[英] 斯威夫特

作者简介

乔纳森·斯威夫特（1667—1745）是英国著名作家、政论家，讽刺文学大师。斯威夫特虽然就读于一所教会大学，但他一直厌恶大学里讲授的神学和各种烦琐哲学，只对历史和诗歌感兴趣。可想而知，他也不可能取得令学校满意的成绩。毕业时，他获得了一张“特许学位”文凭，致使他无法在社会上找到一份好的工作。斯威夫特没有在学校学到的，却在给政治家坦普尔先生做私人秘书时得到了充分补充。正是在这段时间，斯威夫特开始了写作。他的主要作品有：《书的战争》《一只桶的故事》《布商的信》《格列佛游记》等。

内容简介

《格列佛游记》以里梅尔·格列佛（又译为莱缪尔·格列佛）船长为主人公，以第一人称的叙述方式记叙了他的环游世界之旅。通过格列佛在大人国、小人国、飞岛国、慧骃国等神奇国度的游历的故事，以达到讽刺当时社会的目的，同时宣扬了作者自身的主张。

1726 年《格列佛游记》在英国首次出版便广受好评，几个世纪以来，被翻译成几十种语言，在世界各国广为流传，不仅如此它还被改编成电影作品而多次搬上荧幕。

名篇节选

我父亲在诺丁汉郡有一份小小的产业。我在他的五个儿子中排行老三。十四岁那年，他送我进入剑桥的伊曼纽尔学院。在那儿我住了三年，埋头攻读我的学业。虽然家里给我的补帖少得很，但是对于一个贫困的家庭来说已经极为不易。于是我就到伦敦著名的外科医生詹姆斯·贝茨先生手下当学徒，一直学了四年。有时父亲也会寄小额款项给我，这些钱我就用来学习航海和数学，对那些有志于旅行的人来说，这些东西都很有用处。我始终深信，终有一天我会交上好运去外出旅行的。学业完成后，我回家去见父亲。多亏他和约翰叔叔及几个亲戚帮忙，我得了四十英镑。他们还答应以后每年给我三十英镑，用来维持我在莱顿（荷兰西部的一个城市，为当时欧洲医学研究的中心）的课业。我在莱顿学医共两年零七个月。我知道在长途航行中，医学是很有用处的。

从莱顿回来后不久，恩师贝茨先生推荐我到亚伯拉罕·潘耐尔船长统率下的“燕子号”商船上当外科医生。我跟随船长干了三年半，曾多次去利凡特（地中海东岸一带地方）和其他一些地方。回来之后，受恩师贝茨先生的鼓励，我决定就在伦敦住下来，他又给我介绍了几位病人。我在老周瑞街的一座小房子里租了几个房间，那时大家都劝我改变一下生活方式，我就跟在新门街上做内衣生意的埃德蒙·伯顿先生家的二女儿玛丽·伯顿小姐成了亲。我得到了四百英镑的婚嫁费。

可是，两年之后恩师贝茨去逝了，我没有几个朋友，而良心又不允许我像我的许多同行那样胡来，因此生意渐渐萧条。我和妻子以及几个朋友商量了一下，决心再度出海。我先后在两艘船上当外科医生，六年里，我多次航行到东印度群岛和西印度群岛，我的财产也因此有所增加。

由于这几次航海中的最后一次不怎么顺利，所以我开始厌倦起海上的生活，想着要待在家中与老婆孩子一起过日子。我从老周瑞街搬到脚镣巷，接着又搬到威平，盼着能在水手帮里揽点儿生意，结果却未能如愿。一晃三年过去了，眼看着时来运转已经无望，我就接受了“羚羊号”船主威廉·普利查德的聘请（那时他正准备去南太平洋一带航海）。一六九九年五月四日，我们从英国南部的一个叫布里斯托尔的海港启航。我们的航行起初一帆风顺。

由于某些原因，把我们在那一带海上历险的细枝末节全都告诉读者，扰其视听是不合适的，只说说下面这些情况也就够了。在去往东印度群岛去的途中，一阵强风暴把我们刮到了凡迪门兰（澳大利亚的塔斯马尼亚岛原名凡迪门兰）的西北方。据观测，我们发现所在的位置是南纬三十度零二分。船员中有十二人因操劳过度与饮食恶劣而丧生，其余人的身体也极度虚弱。十一月五日，那一带正是初夏时节，天空大雾迷漫，水手们在离船半链［海程长度。一链等于十分之一海里（185.2 米）］的地方发现一块礁石，但是风势很猛，我们被刮得直撞上去，船身立刻触礁碎裂。连我在内的六名船员将救生的小船放到海里，竭尽全力脱离大船和礁石。据我估计，我们只划了一个多小时，就再也没有力气了。因为大家在大船上时已经耗尽力气，我们只好听凭波涛的摆布。大约又过了半个小时，忽然一阵狂风从北方吹来，猛地将小船掀翻。小船上的同伴，以及那些逃上礁石或是留在大船上的人后来怎么样了，我也说不清，可我断定他们全完了。至于我自己，则听天由命地游着，被风浪推向前去。

我时不时将腿沉下去，但却总也探不到底。眼看我就要完蛋而又再也无力挣扎时，忽然觉得水深已经不及灭顶了，而这时风暴也已大大减弱。海底坡度很小，差不多我走了一千多米才到岸上，那时我想大约是晚上八点钟。我又继续往前走了500米左右，没有见到任何房屋或居民的迹象，至少是我没有能看得到，因为当时我实在太虚弱了。

我疲惫到了极点，再加上天气炎热和离船前又喝过半品脱的白兰地，所以极想睡觉。我在草地上躺了下来。草很短，软软的，一觉睡去，记忆所及真是前所未有的酣甜香沉。我睡了大约有九个小时，因为醒来时，太阳正好从东方升起。我想站起来，却动弹不得。由于我恰好是仰天躺着，这时我发现自己的胳膊和腿都被牢牢地绑在地上；我的头发又长又厚，也同样被绑着，从腋窝到大腿，我感觉身上也横绑着一些细细的带子。我只能朝上看。

太阳开始热起来了，阳光刺痛了我的眼睛，我听到周围一片嘈杂声，可我躺着的姿势，除了天空什么也看不到。过了没多一会儿，我觉得有个什么活的东西在我的左腿上蠕动，越过我胸脯，几乎到了我的下巴前。我尽力将眼睛往下看，竟发现一个身高不足15厘米，手持弓箭、背负箭袋的人！与此同时，我估计至少有四十个他的同类随他而来。

我大为惊奇，猛吼一声，结果吓得他们全部掉头就跑。后来有人告诉我，他们中有几个从我腰部往下跳，竟跌伤了。但是他们很快又回来了，其中的一个竟敢走到能看得清我整个面孔的地方，举起双手，抬起双眼，一副惊羡的样子，他用刺耳却很清晰的声音高喊："海琴那·德古尔！"其他的人也把这几个字重复了几遍，可那时我还不明白那是什么意思。读者可以想象到，我一直那样躺着是极不舒服的。最后，我努力挣脱。幸运的是我把绳子挣断了，拔出了将我的左臂绑到地上的木钉。我把左臂举到眼前，发现了他们绑缚我的方法。这时我又用力一扯，虽然十分疼痛，但还是将绑我左边头发的绳子扯松了一点，这样我就能稍稍将头转动点。但是，我还没来得及将他们捉住，他们却又一次一溜烟地跑了。

很快我却听到他们一齐高喊，不断地重复着："派布龙·塞兰！"这时我感觉我左边有许许多多的人在为我松绑，使我能够将身子转向右边。他们又在我的脸上手上涂了一种味道很香的油膏，不过几分钟，所有的伤痕就全部消失了。这一切，加上我享用了他们送来的营养丰富的饮食，使得我精力恢复，不觉又进入梦乡。后来有人证实，我睡了大约有八个小时。这倒也并不使人感到奇怪，因为医生们奉命，事先在酒里掺进了一种安眠药水。

后来，他们决定把我用前面叙述的方式绑缚起来（这是在夜间我睡着时干的），送给我充足的酒肉，用一架机器把我运到京城。

这一决定也许太大胆，不过，他们这么做也算极为慎重。因为假如这些人趁我睡着的时候企图用矛和箭把我杀了，那我一感觉疼痛，肯定就会惊醒过来，那样或许就会使我大怒，一气之下，用力就能够挣断绑着我的绳子，到那时，他们无力抵抗，也就不能指望我心慈手软了。

机器被推到我身边，与我的身体保持平行。可是现在他们主要的困难是怎样把我抬起来放到车上去。为此他们竖起了八十根大约30厘米高的柱子，工人们用绷带将我的脖子、手、身子和腿全都捆住，然后用极为结实的绳索，一头用钩子钩住绷带，一头缚在木柱顶端的滑车上。九百名他们最强壮的汉子一齐拉绳索，用了不到三小时，就把我吊了起来放到了车上，在车上我依然被捆得结结实实。这一切全都是别人告诉我的，因为在他们工作的时候，我由于掺在酒里的催眠药药性发作，睡得正香呢。一千五百匹强壮高大的马，拖着我向京城奔去。前面我已说过，京城就在 800 米开外的地方。

在路上我们走了大约四个小时，一件很可笑的事忽然把我弄醒了。原来是车出了点毛病，急需修理，停下没多长时间，就有两三个年轻人因为好奇，想看看我睡着时的模样。他们爬上机器来，悄悄地来到我的脸前，其中一个是卫队军官，他把短枪的枪尖直往我左鼻孔里伸，像一根稻草那样弄得我鼻孔发痒，猛打喷嚏。他们随即偷偷溜走了，并未被人发现。事情过了三个星期，我才弄清楚为什么我那时会突然醒来。那天我们又走了很长的路，夜里休息时，我的两边各有五百名卫兵，他们一半手持火把，一半拿着弓箭，只要我想动弹一下，就会随时向我射击。第二天太阳刚一升起，我们就又继续上路。大约中午时分，离城门就不远了。皇帝率全朝官员出来迎接，但他的大将们却坚决不让皇帝冒险爬上我的身子来。

停车的地方有一座古庙，据说是全王国最大的。几年前庙里曾发生过一桩惨无人道的凶杀案，就当地那些虔诚的人看来，这有污圣地，所以就把所有的家具及礼拜用品全都搬走了，只把这里当作一般的公共场所使用。他们决定就让我在这古庙里住下。朝北的大门约有一米高，半米宽，由此我可以方便地爬进爬出。门的两边各有一扇小窗，国王的铁匠从左边的窗口拉进去九十一条链条，那链条很像欧洲妇女节上所挂的链子，粗细也一样；铁匠再用三十六把挂锁把我的左腿锁在链条上。

在大路的另一边，与这庙相对的，是一座塔楼，楼高至少一米半的样子，皇帝及其朝中主要官员就由此登楼，以便瞻仰我的模样。

这是我后来才听说的，因为我看不到他们。估计有十万以上的居民也都出城来看我。虽然我有卫队保护，可我猜想有不下万人好几次由梯子爬上了我的身体。但不久国王就发出公告禁止这种行为，违者处以极刑。

后来，当工人们感觉我不可能再挣脱了时，就将捆绑我的绳子全都砍断。我站立起来,生平从来没有过这样沮丧。可是当人们看到我站起来走动时，其喧闹和惊讶的情形简直是无法形容了。拴住我左腿的链条不仅使我可以在一个半圆的范围内自由地前后走动，而且因为拴链条的地方离大门不远，所以我可以爬进庙里去，伸直身子躺在里面。

吉檀迦利（节选）

［印度］泰戈尔

作者简介

拉宾德拉纳特·泰戈尔（1861—1941），印度著名诗人、文学家、社会活动家、哲学家和印度民族主义者。泰戈尔从小受到很好的教育，他的家庭是加格答的一个贵族家庭。他在十三岁时就开始写诗，诗中充满了浪漫主义色彩，饱含对祖国的热爱。泰戈尔的作品很多，代表作有《吉檀迦利》《飞鸟集》《园丁集》《新月集》等。1913 年，他以《吉檀迦利》成为第一位获得诺贝尔文学奖的亚洲人。

内容简介

“吉檀迦利”意为“献诗”，是印度作家泰戈尔创作的诗集，共 103 首。这是一部宗教抒情诗集。泰戈尔认为，人的自信的提升和生命价值的体现使得其有理由不再仰视遥不可及的神，而是可以拉近与神的距离，将神融入人的生命、生活等一切有形与无形的活动之中。他以动人流畅的诗句，歌唱生命和生活。《吉檀迦利》代表了泰戈尔的创作风格和内心世界，是一份“奉献给神的祭品”。

名篇节选

一

在我的心坚硬焦躁的时候，请洒我以慈霖。

当生命失去恩宠的时候，请赐我以欢歌。

当烦杂的工作在四周喧闹，使我和外界隔绝的时候，我的宁静的主，请带着你的和平与安息来临。

当我乞丐似的心，蹲闭在屋角的时候，我的国王，请你以王者的威仪破户而入。

当欲念以诱惑与尘埃来迷蒙我的心眼的时候，呵，圣者，你是清醒的，请你和你的雷电一同降临。

二

这掠过婴儿眼上的睡眠——有谁知道它是从哪里来的吗？是的，有谣传说它住在林荫中。萤火朦胧照着的仙村里，那里挂着两颗甜柔迷人的花蕊。它从那里来吻着婴儿的眼睛。

在婴儿睡梦中唇上闪现的微笑——有谁知道它是从哪里生出来的吗？是的，有谣传说一线新月的微笑，触到了消散的秋云的边缘，微笑就在被朝雾洗净的晨梦中，第一次生出来了——这就是那婴儿睡梦中唇上闪现的微笑。

在婴儿的四肢上，花朵般地喷发的甜柔清新的生气，有谁知道它是在哪里藏了这么许久吗？是的，当母亲还是一个少女，它就在温柔安静的爱的神秘中，充塞在她的心里了——这就是那婴儿四肢上喷发的甜柔新鲜的生气。

三

假如我今生无份遇到你，就让我永远感到恨不相逢。

让我念念不忘，让我在醒时梦中都怀带着这悲哀的苦痛。

当我的日子在世界的闹市中度过，我的双手满捧着每日的赢利的时候，让我永远觉得我是一无所获——让我念念不忘，让我在醒时梦中都带着这悲哀的苦痛。

当我坐在路边，疲乏喘息，当我在尘土中铺设卧具，让我永远记着前面还有悠悠的长路——让我念念不忘，让我在醒时梦中都怀带着这悲哀的苦痛。

当我的屋子装饰好了，箫笛吹起，欢笑声喧的时候，让我永远觉得我还没有请你光临——让我念念不忘，让我在醒时梦中都怀带着这悲哀的苦痛。

海底两万里（节选）

［法］儒勒·凡尔纳

作者简介

儒勒·凡尔纳（1828—1905）是19世纪法国著名小说家、剧作家及诗人。凡尔纳一生创作了大量优秀的文学作品，是当之无愧的“科幻小说之父”。无数大发明家都曾受到凡尔纳作品的影响，潜水艇的发明人西蒙·华克曾说：“凡尔纳是我一生事业的指导。”凡尔纳的作品以《在已知和未知的世界中的奇异旅行》为总名，代表作为三部曲《格兰特船长的儿女》《海底两万里》《神秘岛》以及《气球上的五星期》《地心游记》等。

内容简介

《海底两万里》主要讲述诺第留斯号（鹦鹉螺号）潜艇的故事。1866年，海上发现了一只疑似为独角鲸的大怪物，后来发现这怪物并非是什么独角鲸，而是一艘构造奇妙的潜艇。潜艇是尼摩在大洋中的一座荒岛上秘密建造的，船身坚固。尼摩船长邀请阿龙纳斯等三人作海底旅行。他们从太平洋出发，途中还经历了搁浅、土著围攻、同鲨鱼搏斗等许多险情。最后，当潜艇到达挪威海岸时，三人不辞而别，回到了阿龙纳斯的家乡。

名篇节选

第二天，11 月 18 日，昨日的疲劳，完全歇过来了。我走到平台上，诺第留斯号（鹦鹉螺号）的船副正在这个时候说出他每日必说的那句话。于是我心想，这句话是跟海面的情形有关系的，它的意思或者是："我们什么都望不见。"

这时洋面上空无一物。天边一只船也没有。海洋把三棱镜分出的其他颜色都吸收了，只把蓝色向四面八方反射出去，带上一种十分好看的靛蓝色，好像一幅条纹宽阔的天光蓝毛布，在层叠的波涛上很规律地摊开。

我正欣赏海洋的美丽景色，尼摩船长出来了。但他好像没有看见我在平台上，于是便开始了他的一连串天文观察。做完观察后，他靠着探照灯笼间，注视着洋面。

同时又有二十名左右的诺第留斯号水手走到平台上来，他们都是身强力壮的大汉，他们来收昨天晚上撒在船后的渔网。这些水手虽然看来全都是欧洲人的体型，但显然是属于不同的国籍。我想我不至于弄错，我认出其中有爱尔兰人、法国人、几个斯拉夫人、一个希腊人或克里特岛人。不过，这些人都不爱说话，他们彼此间使用的语言，使我甚至无从猜想它的源流。所以我没有法去问他们，跟他们交谈。

渔网被拉上船来。网是袋形的，跟诺曼底沿海使用的很相似，这网是阔大的口袋，用一根浮在水上的横木和一条串起下层网眼的链索把网口在水中支开。这些口袋似的网挂在铁框上，拉在船后面，像笤帚在海底扫刷一般，一路上，经过的鱼无一幸免，全被打捞上来。这一天打到了许多新奇的鱼，比如海蛙鱼，这鱼的动作很滑稽可笑，所以被称为丑角鱼。最后是些身材较长大的鱼，一条头部隆起的加郎鱼；好几条一米长的美丽的鲤鱼，身上带天蓝和银白相间的颜色；三条华丽的金枪鱼。不管它们行动得多快，可也没能躲过袋网，无法脱身而去。

我估计一下，这一网所获得的鱼超过一千斤，是一次很好的成绩，但并不特别出奇。因为网在船后拖拉着有好几个钟头，各种水产动物当然被装到这罗网里面来。因此，我们并不至缺乏质量优良的食品，诺第留斯号的快速度和它的电光的吸引力，使它可以不断地捕捉到鱼类。

这些种类不同的海产动物立即从放开的嵌板送到下面的食物储藏室，有些要趁新鲜食用，有些要保存起来。

鱼捕完了，空气调换了，我想诺第留斯号又要作海底旅行了。当我正准备回房的时候，尼摩船长向我回转身来，没有什么客套，直截了当地对我说：

"您看这海洋，教授，它不是赋有真实的生命吗？它不是具有愤怒和温情吗？昨天，它跟我们一般安静地睡着，现在，过了平安的一夜，它又动起来了。"

不说早安，不说晚安！谁也不要认为这个奇怪的人物现在只不过是把已经开了头的话继续说下去。

"请看，"他又说，"它在太阳的抚摸下苏醒了！它又要过它的日间生活了！观察它有机生活的变化,实在是很有兴趣的学术研究呢。它有脉搏、有血管、有起伏，跟动物身上的血液循环一样，有真正的循环作用。"

当然尼摩船长并不等待我的答话，我觉得跟他说许多"当然""一定"和"您对",没有什么用处。他说话,与其说是对着我,不如说是对着他自己,他说完每一句后,中间停顿相当长的时间,这实在是一种特殊形式的沉思。

"是的，"他说，"海洋有真正的循环作用，要引起这作用，单由造物者在海中增加热、盐和微生动物就成了。正是热力使得海水有了不同的密度，使海中发生许多顺流和逆流。此外，我又注意过那些由上而下和由下而上的水流，它们形成真正的海洋呼吸作用。我看见了海水的分子，在水面上受到热力，沉入更深的地方，至零下2摄氏度的时候，密度到了最大，然后，温度再降低，它的重量减轻，又浮上来了。您将在极圈地方看到这种现象所产生的结果，您将了解到，冰冻作用之所以只在水面上才发生，就是由于有远见的大自然的这个规律。”

当尼摩船长说完了他这句话的时候，我自己心中说：“极圈吗？这个大胆的人一直要把我们带到极圈中去吗？”

不过船长这时不作声，他全神贯注，他时刻不停地细心研究海洋。一会儿他又说起话来：“教授，海水中盐的分量多得不得了，如果您把溶解在海中的盐提出来，把它在地球上全面摊开来，可以铺成十米高的一层表皮。您不要以为海中有这些盐是大自然无意识的任性行为！不是的。盐质使海永不容易蒸发，使海风不能将分量过多的水汽带走，不然的话，水汽重化为水，简直就要把温带地方完全淹没了。这真是巨大得不得了的作用，是调节全地球的力量，是使其保持平衡的伟大作用！”

尼摩船长不作声了，他站起来在平台上走了几步，又向我走回来。他说：“至于那些原生纤毛虫，那些一滴水中便有数百万的不可计数的微生物，它们在一毫克的水量中便有八十万个，它们的作用也是一样重要。它们吸收了海中的盐，消化了水中的固体物质，它们制造了珊瑚，它们是真正石灰质陆地制造者！因为这滴水，当它的矿物质被吸去的时候，变轻了，又浮到水面上来，在水面吸收了由于蒸发作用而抛弃在那里的盐质，又变重了，沉下去，重新给那些微生动物带来了可吸收的新物质。因此而发生上下循环不已的潮流，永远是不停的运动，永远是不断的生命。生命力，比在陆地上更强大的生命力，在海洋的所有部分更丰富地、更无穷地发展。人们说，海洋是扼杀人类生命的地方，但对无数的动物，和对我来说，它是真正生命的所在！”

当尼摩船长这样说话的时候，他的容貌完全改变了，使我产生一种特殊的心情。他又说：“所以，海洋中才有真正的生活！我打算建设水中的城市，集体的海底住宅，像诺第留斯号一般，每天早晨浮上水面来呼吸。如果成功的话，那一定是自由自在的城市，独立自主的城市！不过，又有谁知道，不会有些专制魔王……”

尼摩船长做个激烈的手势结束了他这段话。一会儿。他直接来问我，好像要把一些不祥的思想驱逐出去似的，他问：

“阿龙纳斯先生，您知道海洋有多深吗？”

“船长，我至少知道一些主要的探测海洋深度所得的结果。”

“您可以给我列举出来，让我必要时加以检查吗？”

“下面是我从记忆中可以说出来的一些数字。”我答，“如果我没有记错，北大西洋的平均深度为 8200 米，地中海为 2500 米。在南大西洋，南纬 35 度的地方，做了成绩优良的探测，结果有的是 12000 米，有的是 14091 米，有的又是 15149 米，总起来说，平均来估计，它的深度是 7000 米左右。”

“好，教授”，尼摩船长答，“我希望，我们可以给您说些更确切的数字。我们目前所在的太平洋这一部分的平均深度仅仅为 4000 米。”

说了这话后，尼摩船长向嵌板走去，从铁梯下去不见了。我跟着他下来，我回到客厅中。

好几周过去了，尼摩船长很少过来访问，我也很少有机会看见他。他的副手按时来作航线记录，一一记在图上，所以我可以很正确地了解诺第留斯号所走的路线。

康塞尔和尼德·兰跟我一起谈了很长的时间。康塞尔把我们在海底散步的时候所见到的新奇事物告诉了他的朋友，加拿大人很后悔他没有跟我们一道去。但我希望以后还会有游历海底森林的机会。客厅的嵌板差不多每天都有好几个钟头要打开来，我们的眼睛尽情地观察海底世界的秘密，百看不厌。

诺第留斯号所走的大方向是东南方，它所在的深度总是保持在100~150米。但有一天，我不知道什么缘故，它使用那两块纵斜机板，沿着纵斜线潜下去，一直到2000米的深度。温度表正指4.25摄氏度，好像在这样深度的水里，不管在什么地带，温度都是相同的。

11月26日凌晨三点，诺第留斯号在西经172度上越过了北回归线。27日，它远远可以望见夏威夷群岛，这是1779年2日14日有名的航海家库克遇难的地方。

它在西经142度上越过赤道线；4日，经过顺利的迅速行驶后，我们望见了马克萨斯群岛。相距3海里远，在南纬8度57分，西经139度32分，我看见奴库希瓦岛的马丁岬头，这是法属群岛中最重要的一个岬头。我只看到天边满是丛林密布的山岭，因为尼摩船长不喜欢接近陆地，所以我没看见别的。在这一带海面上，渔网打了好些美丽的鱼类。比如长着哥利芬鱼天蓝色的鳍，金黄色的尾巴，白肉味鲜美无比。赤裸鱼，差不多没有鳞甲，但也很好吃；带骨腮的骨眶鱼，黑黄的塔查鱼，比鲤鱼还好吃；所有这些鱼都值得放到船上餐厅中供人食用。

离开了由法国国旗保护的这些使人神往的美丽海岛后，我们又碰见了一大群枪乌贼，这是很奇异的软体动物，跟墨鱼很相像。法国渔人称它们为水黄蜂，它们属于头足纲，双鳃目。这类鱼给古代希腊公众会场的演说家提供了好些素材。据生活在嘉利安之前的希腊医生阿典尼所说，这类鱼在希腊的有钱公民的食桌上，也是一盘很美味的菜。

就是在12月9日和10日夜间，诺第留斯号碰见一大群喜欢夜出的软体动物，估计有数百万条。它们遵循着槽白鱼和沙丁鱼所走的路线，从温带地方转移到较暖的水域去。我们通过很厚的透亮玻璃，看见它们凭借自身唧管的驱动力，极其迅速地向后倒游，追赶鱼类和软体动物，吃小鱼，或被大鱼吃掉。它们那天生就长在头上的十只腿脚在难以形容地胡乱抓爬，好像小孩玩的蛇形吹气管子一样。诺第留斯号在这大群动物中间也走了好几个钟头，渔网打到了无数的这种枪乌贼，其中我看到了被奥宾尼分类的9种太平洋品种。

人们看到，在这次航行中，海洋把所有的各种奇妙景象不断地摆出来，它时时更换布景和场面，愉悦我们的双眼。我们不但要欣赏，更重要的是要在海水里面观察造物者的作品，并且还要理解海洋底下最惊人的秘密。

人类群星闪耀时（节选）

［奥地利］斯蒂芬·茨威格

作者简介

斯蒂芬·茨威格（1881—1942），奥地利小说家、诗人、剧作家、传记作家。代表作有短篇小说《一个陌生女人的来信》，长篇小说《心灵的焦灼》等。茨威格出身富裕犹太家庭，青年时代在维也纳和柏林攻读哲学和文学，日后周游世界，结交罗曼·罗兰和弗洛伊德等人并深受影响。他的作品常以“情感”为主题，通过描写人物的内心世界，展现出各种复杂丰富的感情活动和心理状态。

内容简介

本书是人类“历史上最好的传记作家”——斯蒂芬·茨威格的传记名作之一。本书共收入他的历史特写 12 篇，分别向我们展现了 12 个决定世界历史的瞬间，包括千年帝国拜占庭的陷落、老年歌德热恋的悲歌、滑铁卢的一分钟等。而这 12 个历史瞬间神奇地降临到 12 位传主的身上，他们或是被命运高高举起，送入英雄们的殿堂；或是被狠狠嘲弄，抛入千秋遗恨的行列。当强烈的个人意志与历史宿命碰撞之际，火花闪烁，那样的时刻从此照耀着人类文明的天空。

名篇节选

巴尔沃亚：不朽的逃亡者（节选）

哥伦布让欧洲人陷入了一股狂热的掘金浪潮，于是大航海时代的序幕正式拉开，却也将数之不尽的无辜的人推进了痛苦的深渊。

1493 年，当“大西洋海军元帅”哥伦布结束 240 天的远洋航行凯旋归国时，他发现了美洲新大陆的消息不仅使西班牙沸腾，甚至连整个欧洲都大为震惊。

为了犒赏哥伦布发现新大陆的壮举，西班牙的斐迪南国王和伊莎贝拉女王决定在巴塞罗那举办一场盛大的欢迎仪式。很多人为了一睹英雄的英姿，纷纷从四面八方赶来，塞维利亚和巴塞罗那的街道被堵得水泄不通。

凯旋队伍最前面的 10 名赤体文身的印第安人格外引人注目。他们头上插着鲜艳的羽毛，脸上戴着怪异的面具，手里提着漂亮的鹦鹉，这种打扮风格让所有西班牙人大开眼界。不仅如此，还有玉米、烟草、椰子等，这些都是西班牙人前所未见的。但这些罕见的玩意儿并不是国王和官吏最关心的，他们最感兴趣的反而是他们最常见的东西——黄金。

哥伦布带回来了几小箱黄金，是他从土著手里换来或抢来的，仅仅是一些小饰品、小金锭，或一些金末，根本就不值钱。

其实哥伦布发现的岛屿压根就没有太多的黄金。但这个想象力丰富的家伙，竟然执拗地认为自己开辟了通往印度的新航线，对那些岛屿上有大量的黄金深信不疑。他在向国王汇报时充分发挥了自己惊人的想象力，说这些黄金只是他带回来的样品而已。那些新岛屿上不仅有丰富的金矿，而且金子几乎就在地表，很容易就能挖到。他还夸大其词说新岛屿的南边还有一个黄金国。在那里，黄金不过就是一种再普通不过的金属，甚至比西班牙的铅还要廉价，连国王饮水喝酒的杯子都是用黄金做的。

哥伦布真挚而兴奋的吹牛，感染了所有人，大家对此深信不疑。国王全神贯注地听着这一切，为了黄金，他很快便组织了第二次远航。

有了哥伦布的“现身说法”，关于遍地黄金、轻易就能成为富翁的黄金国的消息在西班牙被传得沸沸扬扬，愈加离奇。这些人被发财梦冲昏了头，当他们听到第二次远航的消息后，全都争先恐后涌到了远航的出发地——巴罗斯和加地斯。

这些满脑子贪念的人臭味相投，汇聚成了一股污浊不堪的人潮。他们从全国四面八方奔来，其中虽然有真正的探险家和达官贵人，但更多的是穷人、窃贼和强盗，甚至是杀人犯，简直就是一群乌合之众。

共同的目标把这些素不相识的人的命运联系在了一起。达官贵人希望升官发财；穷人渴望从沉重的债务和妻子喋喋不休的唠叨中解放出来，到黄金国实现自己的财主梦；盗贼、罪犯则寄希望于逃脱法律的制裁，飞黄腾达，他们每个人心里都打着自己的小算盘。就这样，西班牙的危险人物和罪犯、歹徒齐聚于此，都是因为他们所看不见的一个理由——贪欲。

这群疯狂的乌合之众完全被哥伦布的花言巧语迷失了心智，他们满脑子里只有一个念头：只要挥起自己的铁锹，就能轻而易举得到一个闪耀着诱人光芒的金矿，就能飞黄腾达。连达官贵人都抵挡不住富贵梦的诱惑，更不用说那些一穷二白的人了。

为了第一时间把黄金运走，一些富人带了很多用人和牲口。而那些没能登上远洋航船的人毫不气馁，他们千方百计地想要出海。尤其是那些胆大妄为的冒险家，竟然将政府的法令置之脑后，铤而走险，自己出海。

所有人唯一的希望就是尽快到达那片未知的海岸，得到他们梦寐以求的黄金。

然而，人们的希望化作了泡影。新发现的岛屿——伊斯帕尼奥拉岛（今海地岛）上连黄金的影子都没有。

土著身上少量的金饰根本就满足不了他们的野心，将土著人抢劫一空后，这群人穷凶极恶地在岛上四处游荡，伺机抢劫。印第安人整日惶惶不安，备受压迫却敢怒不敢言，而岛上的总督也不胜其烦。尽管西班牙海船带来了新的货物，但随船而至的这群恶徒，根本就不受任何法律的约束，无恶不作，不断地滋生事端。

总督寄希望于通过分给他们土地、牲口和印第安人奴隶，使他们安定下来，从而稳定社会秩序。但这不过是一厢情愿，因为无论是贵族骑士，还是强盗罪犯，他们到这里的唯一目的就是获得黄金而一夜暴富，而不是在这里过平庸而安稳的生活。所以疯狂的“淘金者”丝毫不关心自己的土地，也从不过问耕耘收获，他们只能从折磨印第安奴隶中享受到生活的乐趣。

除此之外，他们将剩余的时间耗在了赌场上，很快便背上了沉重的赌债。为了还债，他们变卖了所有的家当，包括最后一件蔽体的衣服，甚至还有人因此而丧命。

情况愈发混乱，但人们依旧没有清醒。从 1509 年开始说起：西班牙两位赫赫有名的冒险家阿隆索·德·奥赫达和迭戈·德·尼古萨在斐迪南国王的授权下，在巴拿马地峡附近和委内瑞拉建立了殖民地，他们称这里为“黄金的卡斯蒂利亚”。这是个非常诱人的字眼，却也是极不负责任的说法，欺骗了大量做发财美梦的人，法学家恩西索就是其中一个。他狂热地追求黄金，在别人的鼓吹下，为了这块殖民地倾囊付出。令人失望的是，他不仅没有从被寄予极大希望的“黄金的卡斯蒂利亚”获得一斤半两的黄金，反而陷入了无休止的营救中。那些去拯救的人，不是在与土著的争斗中丧命，就是被活活饿死。尽管如此，已经走投无路的恩西索为了拯救自己的财产，不得不重整旗鼓，再次扬帆远行。1510年，恩西索学士决定招揽人员组成船队，去支援他的另一块殖民地。这一次，他孤注一掷。

看上去这又是一次绝好的逃亡机会。为了躲避债主和总督严密的监视，失败的淘金者和失意的赌徒选择再次踏上逃亡之路。但这一次，他们没能如愿。债主们察觉到他们的企图后，恳求总督严密监视这些负债人，严禁他们离岛。这样，恩西索的船只能在港口停泊，他们的美梦破灭了。

对这些债务缠身的人来说，死并不是最可怕的，他们真正害怕的是脚踏实地的工作和偿还高山似的重债。而现在，随着恩西索的船队渐渐消失在遥远的天际，他们就这样与逃亡的唯一机会失之交臂却又无能为力，他们绝望了。

恩西索的船从伊斯帕尼奥拉岛出发，开往“黄金的卡斯蒂利亚”。在被风鼓满的帆的带领下，船离小岛越来越远，渐渐消失在苍茫的天际，旅程就这样静静地展开了。一路上风平浪静，没有任何异常。

但这种安静的气氛被一个“天外来客”——一只凶猛的小狼狗破坏了。它不听任何人的命令，也没人知道它的主人是谁，更不知道它是怎么混到船上的。现在小狗烦躁不安地在船上来回走动，像在寻找什么。终于，它在一个大木箱前不动了。这个大木箱是最后一天被运上船的，里面应该装的是食品，表面上看来和普通木箱差不多，只是体积稍微大点。船员仔细地打量这个木箱，根本就没发现任何蛛丝马迹。

这其中到底有什么蹊跷呢？正当人们百思不得其解时，一名男子突然从箱子里出来了。此人35岁左右，全副武装，头戴盔甲，手持盾牌，身背长剑，这架势酷似几百年前的十字军，他的名字叫瓦斯科·努涅斯·德·巴尔沃亚。

巴尔沃亚是赫雷斯·德·洛斯·卡瓦雷洛斯的贵族，热衷于一切冒险活动。早年他曾为追随罗德里戈·德·巴斯蒂达斯航海而自降身份，心甘情愿做一名普通士兵。遗憾的是，他的第一次探险可谓荆棘丛生，几次迷航、历经千辛万苦之后才艰难地抵达伊斯帕尼奥拉岛。在岛上，他的勇气和毅力得到了总督的青睐。总督不仅赏赐他很多土地，还想培养他成为出色的殖民地开拓者，但总督最后失败了。

和所有的探险者一样，巴尔沃亚对农垦丝毫不感兴趣。只短短几个月，他就厌倦了那种无聊的生活，之后他不仅丢弃了赖以生存的土地，还因农场经营不善而负债累累，穷困潦倒。

就在巴尔沃亚走投无路之际，恩西索拯救了这个濒于崩溃的灵魂。巴尔沃亚在船队航行的最后一天悄悄躲在一个空食物箱里，终于逃离了牢笼。船上混乱不堪，这个普通的木箱根本没引起任何人的注意。直到船远离了小岛，巴尔沃亚确信自己已经安全了才现身。与此同时，债权人正在四处寻觅他的身影，那些和他同样处境的人也只能在政府的严密监视下痛苦过活。

在这次冒险中，巴尔沃亚第一次证实了自己过人的胆识。然而令他失望的是，恩西索并不欢迎他这个“不速之客”，这位保守的法学家无法容纳这个不劳而获而且身份不明的人。作为殖民地的行政长官和警察总监，恩西索毫不留情地命令巴尔沃亚：经过下一个海岛时，无论岛上情况如何，他都必须上岸。

就在巴尔沃亚几乎绝望的时候，在航船驶向下一个海岛的途中发生了一次意外，这使这个好运气的家伙又一次顺利过关。

事情是这样的。船员在海上看到一艘坐满人的小船，这简直太令人惊奇了。当时，只有一些大船才敢冒险在这些不知名的海洋上行驶，并且大都是一些“熟面孔”，而眼前的这艘船不仅非常小还坐得满满当当，这在当时不能不说是一个奇迹。更令人惊奇的是，这艘小船的指挥竟然是弗朗西斯科·皮扎诺,他们是从“黄金的卡斯蒂利亚”回来的。一开始，恩西索以为他们擅离职守,但事实却并不如此。他们不是叛变者,而是“黄金的卡斯蒂利亚”幸存的征战者。也就是说，征战失败了，“黄金的卡斯蒂利亚”再也不存在了。

从幸存者的口中，恩西索知道了事情的原委：战争失败后，指挥官奥赫达驾船逃走了，只留下两艘双桅小帆船。这根本就不能容纳滞留在岛上的所有征战者，因此他们唯一能做的就是等待。直到又有 70 人陆续死去，这些幸存的征战者才踏上了回国的路。没想到刚到海上，一艘船就发生了意外，现在就剩下包括皮扎诺在内的 35 名幸存者了。

听完这些话后，前去支援的人已经对“黄金的卡斯蒂利亚”不抱任何信心了，因为他们根本就没有绝对的把握去适应那湿热的气候和抵抗土著的毒箭。

照这样看来，似乎他们唯一的出路就是原路返回。这时，巴尔沃亚站了出来，他讲述了自己跟随罗德里戈·德·巴斯蒂达斯航海的经历，并信心百倍地告诉他们：本人对美洲有非常深入的了解。他说，那里一个叫达连的地方附近有一条“黄金河”，土著友好和善，他们完全可以去那里开辟一片新天地，为什么非要回到贫穷的伊斯帕尼奥拉岛呢?

生存和法律产生了矛盾，唯一的结果是巴尔沃亚胜利了。他与全体人员达成了共识，他们一起开往位于巴拿马地峡的达连，用血腥的屠杀换取他们梦寐以求的黄金！顿时所有人都沸腾了，他们在达连定居下来。

阿富顿河

[苏格兰]罗伯特·彭斯

作者简介

罗伯特·彭斯（1759—1796），苏格兰农民诗人。作为苏格兰18世纪最伟大的诗人之一，彭斯从小就在田里劳动，诗行里散发出浓浓的泥土芳香。他的启蒙人是他受过教育的佃农父亲。彭斯的诗歌歌颂了故国家乡的秀美，描写了人们纯朴的友谊和爱情。他一反当时英国盛行的新古典主义诗风，复活并丰富了苏格兰民歌，在英国文学史上占有重要的地位。

内容简介

《阿富顿河》是彭斯众多赞美祖国苏格兰的诗中最动人的篇章之一。诗句围绕着阿富顿河两岸美丽的景色和他对恋人玛丽的爱情展开。两者相互辉应，熠熠生辉。

名篇节选

流得轻轻，可爱的阿富顿！两岸一片绿茵，
流得轻轻，我要歌颂你，用我的歌声。
我的玛丽睡着觉，在你喃喃的河滨，
流得轻轻，可爱的阿富顿，别惊破她的梦境。

你叫着的野鸽，回声响彻在幽谷里，
你吹哨的山鸫，躲在荆棘的窝里；
你绿冠的田凫，请忍住你的啼鸣，
我请求你们别打搅了我睡着的爱人。

你邻近的群山多么巍峨，可爱的阿富顿！
它们远远地点缀着蜿蜒的溪流，水色澄清；
在那儿我每天去散步，当中午太阳高升，
我望得见玛丽的可爱的小屋和我的羊群。

你的两岸和下面的绿色河谷，多么美丽，
樱草正开着花，在那荒野的林子里；
常常当夜雨在草原上轻轻哭泣的时光，
那芳香的桦木将玛丽和我一起掩藏。
流得多可爱，阿富顿，你晶莹的小河！
你绕过那小屋旁边，这是我玛丽的住所！
你的水波怎样嬉戏着她那雪白的双足，

当她走进水里采集着美丽的花朵！

流得轻轻，可爱的阿富顿！两岸一片绿茵，
流得轻轻，可爱的小河，你是我歌中的主人！
我的玛丽睡着觉，在你喃喃的河滨，
流得轻轻，可爱的阿富顿，别惊破她的梦境。

貂皮大衣

[美]马克·吐温

作者简介

马克·吐温（1835–1910），美国作家、演说家，本名萨缪尔·兰京·克莱门。马克·吐温的代表作品有小说《百万英镑》《哈克贝利·费恩历险记》《汤姆·索亚历险记》等。马克·吐温12岁的时候，因为当律师的父亲去世，不得不走上工作岗位，他当过印刷厂学徒、送报员、水手和舵手和记者。丰富的经历使马克·吐温有了大量的写作素材。他的幽默故事《卡拉韦拉斯县驰名的跳蛙》使他大受欢迎。自此，马克·吐温的写作风格更加鲜明了起来。

内容简介

女主人公阿曼达得到了一大笔遗产，她非常快乐，立刻购买了梦寐以求的奢侈品——貂皮大衣。短暂的风光过后，她深深感到痛苦，每天惦记着貂皮大衣，寝食难安。于是，阿曼达决定退掉它，但价格已经是购买时的四分之一。懊悔万分的阿曼达想到了“假装丢失貂皮大衣来骗取保险金”的办法，没有料到，得到的赔偿竟是另外一件貂皮大衣。

名篇节选

收到通知接受遗产的信后，阿曼达快乐得简直无以形容。她是多么希望她的丈夫还在世，这样他们就可以用这笔馈赠安享老来福了。

她并不那么穷，凭她的工作所得，她也生活得不错。然而，她并不满足于二十五年来所过的俭朴生活，她向往的是五光十色的奢侈品——那些她过去根本无力问津的东西。

阿曼达一遍又一遍地读那令她暴富的信。那可是一大笔钱，远远超出了她的期望。而今她所面对的问题是，怎么花这么多的钱呢？当然消费方法成千上万，可是，在她的内心深处，答案早已存在——一件貂皮大衣。她一辈子梦寐以求的，就是一件貂皮大衣。

一旦决定，她马上走进一家皮草行，在那里看遍了所有的貂皮大衣，而后选出了她最喜欢的一件。

“您穿正合适，大人。”

当然了，那还用说，她感觉美妙极了，恨不得马上向全世界展示自己的华贵，并向每一个人示善。她随便地数出了钱，傲慢地付清了账。

正是早春二月，其后的十余天里，貂皮大衣令阿曼达领尽风骚。生平第一次，她觉得生活是如此的幸福和快乐。每晚就寝前，她都要仔细端详它，每天早晨醒来第一件事就是想起它。所以，她真害怕这心爱之物会被盗去。她为它买了保险，保金不菲。

在家待着时她就放心，她的貂皮大衣不会遭遇不测；出门时她也不怕，她可以穿着它。

天气日渐转暖，阿曼达的烦恼也与日俱增。她不能穿貂皮大衣出门的季节来得太快了。四月的第三周，她突然发现世间万物中，她最恨的莫过于夏天了。在绝望中，她眼见夏天逼近，尽管她的绝大多数朋友都厌恶漫长的冬季，翘盼晴暖的天气。

夏天最终来到了。晴空万里，骄阳似火，阿曼达被迫只得待在家里与大衣为伍。她偶尔出去一趟，把大衣留在家里，却又惶惶然不知所措。后来，她惊奇地发现自己对貂皮大衣已经恨之入骨了。她跑出去，跳上出租车，直奔皮草行。

“我想退了它，”她说，“你们看，它还跟新的一样。”

可是店主告诉她，由于貂皮跌价了，所以她只能得回原价的五分之一。阿曼达的心凉了。

“真抱歉未能满足您的要求，夫人，”店主说，“再见。”

打那以后，阿曼达处心积虑地构想如何除去这个大包袱。最后，她想出了一个绝妙的主意。她无法卖掉它，但她可以遗失它，不是吗？大衣是有保险的。如果她成功地丢了它，就可以从保险公司获得百分之百的赔偿。

要“遗失”一件貂皮大衣也绝非阿曼达所想的那般容易，但是她还是成功了。她坐上出租车，在闹市区下了车，并将大衣弃置在后座上，仿佛她真的忘了似的。然后她徒步回家，又变成了自由人。一到家，她马上写信向保险公司索赔。十天后，她去了保险公司。

“我们已收到了您的信，一切都安排好了。”

“你要记住，保险政策第十五条给予我们以赔偿实物的选择权。我们正准备这样做。”

“什么！”

“很简单，您只能再选一件貂皮大衣。我们会付钱的。”

她乞求，她哀号，可都无济于事。她必须有一件貂皮大衣，她被判了“终生监禁”。

猎人笔记（节选）

[俄] 屠格涅夫

作者简介

伊凡·谢尔盖耶维奇·屠格涅夫（1818—1883），19世纪俄国批判现实主义作家。屠格涅夫出在一个富有但非常旧派的家庭，他从小看到农民受到欺压，发自内心地感到同情。他不但情感细腻富有悲悯，还是一个善于学习的人。屠格涅夫先后在莫斯科大学、彼得堡大学、德国柏林大学学习文学、哲学、历史等。大学时候就开始创作，主要作品有长篇小说《罗亭》《父与子》等。

内容简介

《猎人笔记》是以第一人称的口吻叙述的农村生活随笔集，共25篇。作者以一个猎人的行猎为线索，一面描述美丽的自然风光，一面刻画着各阶级人物的形象。那些平凡的劳动人民，在作者笔下闪着健康、热情、质朴、善良的光彩。人们努力生活，向往并追求着美好的生活。

名篇节选

叶尔莫莱和磨坊老板娘（节选）

傍晚时分，我偕同猎人叶尔莫莱一道前去打“伏击”。我的读者大概不是人人都了解什么是伏击。那就听我说说吧。

春天里，当日落前一刻钟光景，您带上枪到小树林里去，不带狗。您就在树林边上找个地儿，观察一下周围，检查一下子弹火门，跟同伴交换交换眼色。一刻钟过去，夕阳下去了，可林子里还是亮堂的。空气清洁而明澈，鸟儿在饶舌地啁啾着，嫩草闪着绿宝石般的欢快亮泽……您就等着好了。林子里渐渐昏暗下来，晚霞的红光缓缓地滑过树根和树干，越升越高，从几乎光秃的树枝移向发愣的、沉沉欲睡的树梢头……接着树梢也暗下来了，红通通的天空渐渐地变蓝了。林子的气息也渐渐浓烈起来,微微地散发着暖洋洋的潮气。吹进来的风一到您近旁便停住了。鸟儿们就要入睡——不是一下全都睡去，而是分批分类地睡去。最先安静下来的是燕雀，过一会儿是知更鸟，接着是鹀白鸟。

林子里越来越黑了。树木连成了黑压压的一片，蓝蓝的天上羞答答地出现了第一批星辰。各种鸟儿全都进入了梦乡，唯有赤尾鸟和小啄木鸟仍在困倦地啼喊……过不多一会儿它们也沉默下来了。在您的头上又一次响起了柳莺清脆的歌喉。黄鹂在一处悲悲切切地叫喊，夜莺初次啼啭了。

您正等得心烦，突然——但只有猎人才明白我的意思——突然在沉寂中响起一种奇特的嘎嘎声和沙沙声，听得到一阵急促而富于节奏的鼓翼声——一只山鹬姿势优雅地侧着长长的嘴，从容不迫地从黑洞洞的白桦树后飞了出来，迎着您的射击。

莓泉（节选）

我勉勉强强走到伊斯塔河边，这条河是我的宽厚的读者已熟悉的。我走下陡坡，踏着潮湿的黄沙，朝着那个在附近颇有名气的名曰“莓泉”的泉水走去。这股泉水是从河岸上那个渐渐变成又窄又深的峡谷的裂缝中涌出来的，它是在离这儿二十来步远的地方带着欢快的絮叨声泻入河中的。峡谷两边的斜坡上长满了小橡树林，泉水近旁是一片青翠的草地，草长得很短，整片草地仿佛天鹅绒一般。阳光几乎从来没有接触过那清凉的、银色的泉水。

我好不容易来到泉水边，草地上放着一个桦树皮做的水勺，那是过路的农人留给大家用的。我喝足了水，在阴凉处躺下来，向周围扫视。泉水注入小河的地方形成湾，那儿老是泛着一片涟漪。就在水湾旁坐着两个老头，背对着我。

我们坐在树荫下，可树荫下也闷热得很。沉闷而炎热的空气似乎停滞不动，燥热的脸愁苦地盼着风来，可是一点儿风也没有。太阳从蓝蓝的发黑的天空火一般地照射下来。在我们的正对岸，是一片黄灿灿的燕麦地，有些地方长出一蓬蓬苦艾，连一根麦穗也没有摇动。

稍低处有一匹农家的马齐膝站在河里，懒洋洋地摇晃着湿漉漉的尾巴。低垂的灌木下有时浮出一条大鱼，吐了几口水泡，又悄然沉到水底，留下微微的涟漪。螽斯在枯黄的草地里吱吱地叫着；鹌鹑仿佛不高兴地啼喊着；鹞鹰在田野上空从容地飞翔，时不时地在一处停歇下来，迅速地拍了拍翅膀，尾巴如扇子似的展开。

昆虫记（节选）

[法]法布尔

作者简介

让·亨利·卡西米尔·法布尔（1823—1915），法国著名昆虫学家、文学家、博物学家。他被称为“昆虫界的荷马”和昆虫界的“维吉尔”。法布尔在很小的时候就对昆虫产生了浓厚的研究兴趣，夜间与祖母一起睡觉，他听到了好听的虫鸣声，便偷偷地摸黑去草丛中寻找，即使被野草划破了手，也挡不住他对昆虫的好奇与喜爱。他不但能写还能画，留存下来的水彩手绘真菌图有700多种幅。不仅如此，法布尔还研究了天然染色剂茜草（茜素）并因此得了三个专利。当时法国军装裤上的红色，就来自法布尔的这一研究。

内容简介

《昆虫记》是一部长篇科普文学作品，共十卷。在本书中，作者深入浅出地介绍了他所观察和研究的昆虫的外部形态、生活习性，真实地记录了几种常见昆虫的本质、习性、劳动和死亡，既表达了作者对生命和自然的热爱和尊重，又传播了科学知识。作者法布尔把自己的人生感悟融在对昆虫的描述中，像看待朋友一样看待昆虫。

名篇节选

一、蝉和蚁

我们大多数人对于蝉的歌声，总是不大熟悉的，因为它是住在生有洋橄榄树的地方，但是凡读过拉封丹的寓言的人，大概都记得蝉曾受过蚂蚁的嘲笑吧。虽然拉封丹并不是谈到这个故事的第一人。

故事上说，整个夏天，蝉不做一点儿事情，只是终日唱歌，而蚂蚁则忙于储藏食物。冬天来了，蝉为饥饿所驱，只有跑到它的邻居那里借一些粮食。结果它遭到了难堪的待遇。

骄傲的蚂蚁问道："你夏天为什么不收集一点儿食物呢？"蝉回答道："夏天我唱歌太忙了。"

"你唱歌吗？"蚂蚁不客气地回答："好啊，那么你现在可以跳舞了。"然后它就转身不理它了。

但在这个寓言中的昆虫，并不一定就是蝉，拉封丹所想的恐怕是螽斯，而英国常常把螽斯译为蝉。

这个寓言是造谣，蝉并不是乞丐，虽然它需要邻居们很多的照应。每到夏天，它来到我的门外唱歌，在两棵高大筱悬木的绿荫中，从日出到日落，那粗鲁的乐声吵得我头脑昏昏。这种振耳欲聋的合奏，这种无休无止的鼓噪，简直阻挠人的思维。

有的时候，蝉与蚁也确实打一些交道，但是它们与前面寓言中所说的刚刚相反。蝉并不靠别人生活。它从不到蚂蚁门前去求食，相反的倒是蚂蚁为饥饿所驱，乞求哀恳这位歌唱家。我不是说哀恳吗？这句话，还不确切，它是厚着脸皮去抢劫的。

七月时节，当我们这里的昆虫为口渴所苦，失望地在已经枯萎的花上，跑来跑去寻找饮料时，蝉则依然很舒服，不觉得痛苦。它用突出的嘴——一个精巧的吸管，尖利如锥子，收藏在胸部——刺穿饮之不竭的圆桶。它坐在树的枝头，不停地唱歌，只要钻通柔滑的树皮，里面有的是汁液，吸管插进桶孔，它就可饮个饱了。

不过稍许等一下，我们也许可以看到它遭受到意外的烦扰。因为邻近很多口渴的昆虫，立刻发现了蝉的井里流出的浆汁，跑去舔食。这些昆虫大多是黄蜂、苍蝇、蛆蜕、玫瑰虫等，而最多的就是蚂蚁。

身材小的想要到达这个井边，就偷偷从蝉的身底爬过，而主人却很大方地抬起身子，让它们过去。大的昆虫，抢到一口，就赶紧跑开，走到邻近的枝头，当它再转回头来时，胆子比从前变大些了，它忽然就成了强盗，想把蝉从井边赶走。

最坏的罪犯，要算蚂蚁了。我曾见过它们咬紧蝉的腿尖，拖住它的翅膀，爬上它的后背，甚至有一次一个凶悍的强徒，竟当着我的面，抓住蝉的吸管，想把它拉掉。

最后，麻烦越来越多，无可奈何，这位歌唱家不得已抛开自己所做的井，悄然逃走了。于是蚂蚁的目的达到了，它们占有了这口井。不过这口井也干得很快，浆汁立刻被吃光了。于是它再找机会去抢劫别的井，以图第二次的痛饮。

你看，真正的事实，不是与那个寓言相反吗？蚂蚁是顽强的乞丐，而勤苦的生产者却是蝉呢！

二、蝉的音乐

蝉是非常喜欢唱歌的。它翼后的空腔里带有一种像钹一样的乐器。它还不满足，还要在胸部安置一种响板，以增加声音的强度。的确，为了满足音乐的嗜好，蝉牺牲了很多。因为有这种巨大的响板，使得生命器官都无处安置，只得把它们压紧到身体最小的角落里。当然了，要委身于音乐，那么只有缩小内部的器官来安置乐器了。

但是不幸得很，它这样喜欢的音乐，对于别人，却完全不能激发兴趣。就连我也都没有发现它唱歌的目的。通常的猜想以为它是在叫喊同伴，然而事实明显，这个意见是错误的。

蝉与我毗邻相守，到现在已有十五年了，每个夏天差不多有两个月之久，它们总不离我的视线，而歌声也不离我的耳畔。我通常都看见它们在筱悬木的柔枝上排成一列，歌唱者和它的伴侣比肩而坐。吸管插到树皮里，动也不动地狂饮，夕阳西下，它们就沿着树枝用慢而且稳的脚步，寻找温暖的地方。无论在饮水或行动时，它们从未停止过歌唱。

所以这样看起来，它们并不是叫喊同伴，你想想看，如果你的同伴在你面前，你大概不会费掉整月的工夫叫喊他们吧！

其实，照我想，便是蝉自己也听不见所唱的歌曲。不过是想用这种强硬的方法，强迫他人去听而已。

蝉有非常清晰的视觉。它的五只眼睛，会告诉它左右以及上方有什么事情发生，只要看到有谁跑来，它会立刻停止歌唱，悄然飞去。然而喧哗却不足以惊扰它，你尽管站在它的背后讲话，吹哨子、拍手、撞石子，就是比这种声音更轻微，要是一只雀儿，虽然没有看见你，应当早已惊慌得飞走了。这镇静的蝉却仍然继续发声，好像没事儿人一样。

有一回，我借来两支乡下人办喜事用的土铳，里面装满火药，就是最重要的喜庆事也只要用这么多。我将它放在门外的筱悬木树下。我们很小心地把窗打开，以防玻璃被震破。在头顶树枝上的蝉，看不见下面在干什么。

我们六个人等在下面，热心倾听头顶上的乐队会受到什么影响。“碰！”枪放出去，声如霹雷。

一点儿没有受到影响，它仍然继续歌唱。它既没有表现出一点儿惊慌扰乱之状，声音的质与量也没有一点儿轻微的改变。第二枪和第一枪一样，也没有发生影响。

我想，经过这次试验，我们可以确定，蝉是听不见的，好像一个极聋的聋子，它对自己所发出的声音是一点儿也感觉不到！

高老头（节选）

[法] 巴尔扎克

作者简介

奥诺雷·德·巴尔扎克（1799—1850），法国小说家，被称为“现代法国小说之父”。巴尔扎克的创作道路并不是一帆风顺的。当他从大学学习法律毕业后，开始创作。初涉文坛失败后经商又遭失败，这些打击为他以后走上现实主义创作打下了基础。他所创造的人物，如高老头、葛朗台等无不让人记忆深刻。

内容简介

高老头曾是面粉商人，中年丧妻，他把自己所有的爱都放在两个女儿身上。为了让她们进入上流社会，从小给她们良好的教育，并在她们出嫁时给出了每人 80 万法郎的陪嫁。但他换来的并不是尊重和亲情，而是无休止的索取。为了博得女儿女婿的好感，高老头变卖店铺，把钱分给他们，自己住进了公寓。后来在女儿的盘剥下，一再降低自己的开销。高老头的女儿过着挥金如土的贵妇生活，高老头却从一位体面的绅士活成了可怜的风烛老人。当老人病入膏肓之际，只来了一次的大女儿竟还是为了要钱，而当他去世时，也并没有看到他们最后一眼……

名篇节选

第二天下午两点左右，皮安训要出去，于是便叫醒拉斯蒂涅，接他的班。高老头的病势又加重许多。

“老头儿活不过两天了，也许还活不过六小时，”医学生道，“可是他的病，咱们不能置之不理。还得给他做一些费钱的治疗。”

“咱们替他当看护是不成问题，可我没有钱。他的衣袋、柜子，我都翻遍了，全是空的。他神志清楚的时候我问过他，他说连一个子儿都没有了。”

“你身上有多少，你？”

“还剩二十法郎，我可以去赌，会赢的。”

“输了怎办？”

“问他的女婿女儿去要。”

皮安训道：“他们不给怎么办？眼前最急的还不是钱，而是要在他身上贴滚热的芥子膏药，从脚底直到大腿的半中间。他要叫起来，那还有希望。你知道怎么做的。再说，克利斯朵夫可以帮你忙。我到药剂师那儿去作个保，赊欠药账，可惜不能送他进我们的医院。来，让我告诉你怎么办。我不回来，你不能离开他。”

他们走进老人的屋子，欧也纳看到他的脸变得没有血色，没有生气，扭作一团，不由得大吃一惊。

“喂，老丈，怎么样？”他靠着破床弯下身去问。

高里奥眨巴着黯淡的眼睛，仔细瞧了瞧欧也纳，认不得他。大学生受不住了，眼泪直涌出来。

“皮安训，窗上可要挂个帘子？”

“不用。气候的变化对他已经不发生影响了。他要有冷热的知觉倒好了。可是咱们还得生个火，好煮药茶，还能做好些旁的用处。等会儿我叫人送些柴草来对付一下，慢慢再张罗木柴。昨天一昼夜，我把你的柴跟老头儿的泥炭都烧完了。屋子潮得厉害，墙壁都在淌水，还没完全烘燥呢。克利斯朵夫把屋子打扫过了，简直像马房，臭得要命，我烧了些松子。”

拉斯蒂涅叫道：“我的天！想想他的女儿！”

“他要喝水的话，给他这个，”医学生指着一把大白壶。“倘若他哼哼唧唧地叫苦，肚子又热又硬，你就叫克利斯朵夫帮着给他来一下……你知道的。万一他兴奋起来说许多话，有点儿精神错乱，就由他去好了。那倒不是坏现象，可是你得叫克利斯朵夫上医院来。我们的医生，我的同事，或是我，我们会来给他做一次灸。今儿早上你睡觉的时候，我们会诊过一次，到的有迦尔博士的一个学生，圣父医院的主任医师跟，我们的主任医师。他们认为这是颇有些奇特的症候，必须注意病势的进展，以便可以弄清科学上的几个要点。有一位说，血浆的压力要是特别加在某个器官上，可能发生一些特殊的现象。所以老头儿一说话，你就得留心听，看是哪一类的思想，是记忆方面的、智力方面的，还是判断方面的；看他注意物质的事还是情感的事；是否计算，是否回想过去。总之你想办法给我们一个准确的报告。病势可能急转直下，他会像现在这样人事不知地死去。这一类的病怪得很。”“倘若在这个地方爆发，”皮安训指了指病人的后脑，“说不定会引发奇怪的病状。”

高老头忽然认出了欧也纳，说道：“她们玩得痛快吗？”“哦，他只想着他的女儿，”皮安训道，“昨夜他和我说了上百次：她们在跳舞呢！他叫她们的名字。那声音把我听得哭了，真是要命！他叫：但斐纳！我的小但斐纳！娜齐！真的！简直叫你止不住眼泪。”

“但斐纳？”老人接口说，“她在这儿，是不是？我知道的。”

他眼睛忽然骨碌碌地乱转，瞪着墙壁和房门。

“我下去叫西尔维预备芥子膏药，”皮安训说，“这是替他上药的好机会。”

拉斯蒂涅独自陪着老人，坐在床脚下，定睛瞧着这副嘴脸，觉得又害怕又难过。

“特·鲍赛昂太太逃到乡下去了，这一个又要死了，”他心里想。“美好的灵魂不能在这个世界上待久的。真是，伟大的感情怎么能跟一个猥琐、狭小、浅薄的社会沆瀣一气呢？”

他参加的那个盛会的景象在脑海中浮起来，同眼前这个病人垂死的景象成为对比。皮安训突然奔进来，叫道：

“喂，欧也纳，我才见到我们的主任医师就奔回来了！要是他忽然清醒，说起话来，你把他放倒在一长条芥子膏药上，让芥末把他从颈窝到腰部的下面一齐裹住，再叫人通知我们。”

“亲爱的皮安训！”欧也纳说。

“哦！这是为了科学，”医学生说，“他的热心像一个刚改信宗教的人。”

欧也纳说：“那么只有我一个人是为了感情照顾他了。”

皮安训听了并不生气，只说：“你要看到我早上的模样，就不会说这种话了。告诉你，医生眼里不仅仅有疾病，我还看得见病人呢。”

他走了。欧也纳单独陪着病人，唯恐高潮就要发作。不久，高潮果然来了。

“啊！是你，亲爱的孩子。”高老头认出了欧也纳。

“你好些了吗？”大学生拿着他的手问。

“好一些。刚才我的脑袋好似夹在钳子里，现在松一点儿了。你可曾看见我的女儿？她们马上要来了，一知道我害病，会立刻赶来的。天哪！我真想把屋子收拾干净，好招待她们。有个年轻人把我的泥炭烧完了。”

欧也纳说：“我听见克利斯朵夫的声音，他替你搬木柴来，就是那个年轻人给你送来的。”

“好吧！可是拿什么付账呢？我一个钱都没有了，孩子。我变成叫花子了。至少那件金线衫好看吧？（啊唷！我痛！）谢谢你，克利斯朵夫。上帝会报答你的，孩子。我啊，我什么都没有了！”

“克利斯朵夫，是不是我两个女儿告诉你就要来了？你再去一次，我给你五法郎。对她们说我觉得不好，我临死之前还想拥抱她们，再看她们一眼。你这样去说吧，可是别过分吓着她们。”

克利斯朵夫看见欧也纳给他递了个眼色，便动身了。

“她们要来了，”老人又说，“我知道她们的脾气。我死了，她要怎样的伤心呀！还有娜齐也是的。我不愿意死，因为不愿意让她们哭。我的好欧也纳，死，死就是再也看不见她们。在那个世界里，我要闷得发慌哩。看不见孩子，做父亲的等于入了地狱。自从她们结了婚，我就尝着了这个味道。倘使我进了天堂，我的灵魂还能回到她们身边吗？听说有这种事情，可是真的吗？我现在清清楚楚看见她们在于西安街的模样。她们一早下楼，说：‘爸爸，你早。’我把她们抱在膝上，用种种花样逗她们玩儿，跟她们淘气。她们也跟我亲热一阵。我们天天一块儿吃中饭，一块儿吃晚饭。总之，那时我是父亲，看着孩子直乐。在于西安街，她们不跟我犟嘴，一点儿不懂人事，她们很爱我。天哪！干吗她们要长大呢？啊！啊！对不起。孩子们！我痛死了。要不是真痛，我不会叫的，你们早已把我训练得不怕痛苦了。上帝呀！”

高里奥不出声了，仿佛集中全身的精力熬着痛苦。

“她们在这儿，我不会叫苦了，干吗还要叫苦呢？”

他迷迷糊糊昏沉了好久。克利斯朵夫回来，拉斯蒂涅以为高老头睡熟了，让用人高声回报他出差的情形。

“先生，我先上伯爵夫人家，可没法跟她说话，她和丈夫有要紧事儿。我再三央求，特·雷斯多先生亲自出来对我说：‘高里奥先生快死了是不是？哎，再好没有。我有事，要太太待在家里。事情完了，她会去的。’他似乎很生气，这位先生。我正要出来，太太从一扇我看不见的门里走到穿堂，告诉我：‘克利斯朵夫，你对我父亲说，我同丈夫正在商量事情，不能来。那是有关我孩子们生死的问题。但等事情一完，我就去看他。’说到男爵夫人吧，又是另外一桩事儿！我没有见到她，不能跟她说话。老妈子说：‘啊！太太今儿早上五点一刻才从跳舞会回来，中午以前叫醒她，一定要挨骂的。等会儿她打铃叫我，我会告诉她，说她父亲的病更重了。报告一件坏消息，不会嫌太晚的。我再三央求也没用。哎，是呀，我也要求见男爵，他不在家。”

“一个也不来，”拉斯蒂涅嚷道，“让我写信给她们。”

“一个也不来，”老人坐起来接着说，“她们有事，她们在睡觉，她们不会来的。我早知道了。直到临死才知道女儿是什么东西！唉！朋友，你别结婚，别生孩子！你给他们生命，他们给你死亡。你带他们到世界上来，他们把你从世界上赶出去。她们不会来的！我已经知道了十年。有时我心里这么想，只是不敢相信。”

他每只眼中冒出一颗眼泪，滚在鲜红的眼皮边上，强力维持它们不掉下来。

“唉！倘若我有钱，倘若我留着家私，没有把财产给她们，她们就会来，会用她们的亲吻来舐我的脸！我可以住在一所公馆里，有漂亮的屋子，有我的仆人，生着火。她们都要哭做一团，还有她们的丈夫，她们的孩子。可现在什么都没有。钱能买到一切，买到女儿。啊！我的钱到哪儿去了？倘若我还有财产留下，她们会来伺候我，招呼我。我可以听到她们，看到她们。啊！欧也纳，亲爱的孩子，我唯一的孩子，我宁可给人家遗弃，宁可做个倒霉鬼！倒霉鬼有人爱，至少那是真正的爱！你不知道她们刚结婚的时候对我怎样的奉承体贴！我才给了她们每人八十万，她们和她们的丈夫都不敢怠慢我。我受到好款待，'好爸爸，上这儿来，好爸爸，往那儿去。'她们家永远有我的一份刀叉。我同她们的丈夫一块儿吃饭，他们对我很恭敬。为什么？因为我生意的底细，我一句没提。一个给了女儿八十万的人是应该被奉承的。他们对我那么周到、体贴，那是为我的钱啊。世界并不美。我看到了，我！她们载我坐着车子上戏院，我在她们的晚会里爱待多久就待多久。她们承认是我的女儿，承认我是她们的父亲。什么都没逃过我的眼睛，我什么都感觉到，我的心碎了。我明明看到那是假情假意，可是没有办法。在她们家，我就不像在这饭桌上那么自在，我什么话都不会说。有些漂亮人咬着我女婿的耳朵问：

——"那位先生是谁啊？

——"他是财神，他有钱。

——"啊，原来如此！

"人家这么说着，恭恭敬敬瞧着我，就像恭恭敬敬瞧着钱一样。即使我有时叫他们发窘，我也补赎了我的过失。再说，谁又是十全的呢？我这时的痛苦是临死以前的痛苦，亲爱的欧也纳先生，可是比起当年娜齐第一次瞪着我时我的难受，眼前的痛苦算不了什么。那时她瞪我一眼，因为我说错了话，丢了她的脸。唉，她那一眼把我全身的血管都割破了。我很想懂得交际场中的规矩。可是我只懂得一样，我在世界上是多余的。罪过都在我一个人身上，为了爱她们而犯的罪。唉，她们的声音能够打开我的心房。我听见她们，她们来啦。哦！一定的，她们要来的。法律也要人给父亲送终的，法律是支持我的。只要叫人跑一趟就行。我给车钱。你写信去告诉她们，说我还有几百万家私留给她们！我宁愿受骗，我要看到她们。我要我的女儿！是我把她们生下来的！她们是我的！”他一边说一边在床上挺起身子，给欧也纳看到一张白发凌乱的脸，竭力装做威吓的神气。

欧也纳说：“嗳，嗳，你睡下吧。我来写信给她们。等皮安训来了，她们要再不来，我就自个儿去。”

“她们再不来，”老人一边大哭一边接了一句，“我要死了，要气疯了，气死了！气已经上来了！现在我把我这一辈子都看清楚了。我上了当！她们不爱我，从来没有爱过我！这是明摆的了。她们这时不来是不会来的了。她们越拖，越不肯给我这个快乐。我知道她们。我的悲伤，我的痛苦，我的需要，她们从来没体会到一星半点，连我的死也没有想到。我的爱，我的温情，她们完全不了解。哦！上帝！我要死了，我太苦了！把我的脑袋割掉吧，留给我一颗心就行了。”

“克利斯朵夫，去找皮安训来，顺便替我雇辆车。”欧也纳嚷着。他被老人这些呼天抢地的哭诉吓坏了。

“老伯，我到你女儿家去把她们带来。”

“把她们抓来，抓来！叫警卫队，叫军队！”老人说着，对欧也纳瞪了一眼，闪出最后一道理性的光。“去告诉政府，告诉检察官，叫人替我带来！”

“你刚才咒过她们了。”

老人愣了一愣，说：“谁说的？你知道我是爱她们的，疼她们的！我看到她们，病就好啦……去吧，我的好邻居，好孩子，去吧，你是慈悲的。

我要重重地谢你，可是我什么都没有了，只能给你一个祝福，一个临死的人的祝福。啊！至少我要看到但斐纳,吩咐她代我报答你。那个不能来，就带这个来吧。”

欧也纳搀起病人，用左臂扶着，另一只手端给他一杯满满的药茶，说道：“你喝这个。”

“你一定要爱你的父母，”老人说着，有气无力地握着欧也纳的手，“你懂得吗，我要死了，不见她们一面就死了。永远口渴而没有水喝，这便是我十年来的生活……两个女婿断送了我的女儿。是的，从她们出嫁之后，我就没有女儿了。为了父亲的死，应该订一条法律。真是可怕！报仇呀！报仇呀！是我女婿不准她们来的呀。杀死他们！杀雷斯多！杀纽沁根！他们是害我的凶手！不还我女儿，就要他们的命！唉！完啦，我见不到她们了……”

“老伯，你静静吧，别生气，别多想。”

“看不见她们，这才是我的临终苦难！”

“你会看见的。”

“真的！”老人迷迷惘惘地叫起来。“噢！看到她们！我还会看到她们，听到她们的声音。那我死也死得快乐了。唉，是啊，我不想活了，我不稀罕活了，我痛得越来越厉害了。可是看到她们，碰到她们的衣衫，唉！只要她们的衣衫，衣衫，就这么一点儿要求！只消让我摸到她们的一点儿什么！让我抓一把她们的头发，头发……”

他仿佛挨了一棍，脑袋往枕上倒下，双手在被单上乱抓，好像要抓女儿们的头发。

他又挣扎着说：“我祝福她们，祝福她们。”

然后他昏过去了。

爱弥儿（节选）

（法）卢梭

作者简介

让·雅克·卢梭（1712—1778），法国启蒙思想家、哲学家、教育家、文学家，杰出的民主政论家和浪漫主义文学流派的开创者。作为启蒙运动最卓越的代表人物之一，卢梭早年遭遇不幸。他出生在一个钟表匠家庭，出生后10天，他的妈妈就去世了。在他10岁那年，父亲被迫离开他开始流亡。卢梭虽然没有系统受过教育，但他热爱读书，四处自学，当他30岁的时候来到巴黎，开始写作。主要著作有《论人类不平等的起源和基础》《社会契约论》《爱弥儿》《忏悔录》等。他的教育主张是顺应天性的自由教育。

内容简介

《爱弥儿》一书是卢梭通过对他所假设的教育对象爱弥儿的教育，来阐述他“不同年龄不同教育方法”的教育思想。全书共5卷，分别针对两岁前、两岁到十二岁、十二岁到十五岁、十五岁到二十岁青年的爱情教育。

卢梭的观念成为当时的时尚。年轻人模仿《爱弥儿》，要做“居住在城里的野蛮人”，路易王太子也深受《爱弥儿》的影响，按照卢梭的观点从小教育他的儿子，学一门手工匠人的手艺。据说，这就是路易十六那个著名的嗜好——业余锁匠的由来。

名篇节选

一

大自然希望儿童在成人以前就要像儿童的样子。如果我们打乱了这个次序，我们就会造成一些早熟的果实，它们长得既不丰满也不甜美，而且很快就会腐烂。我们将造成一些年纪轻轻的博士和老态龙钟的儿童。儿童是有他特有的看法、想法和感情的。如果想用我们的看法、想法和感情去代替他们的看法、想法和感情，那简直是最愚蠢的事情。我宁愿让一个孩子到十岁的时候长得身高五尺而不愿他有什么判断的能力。事实上，在这种年龄，理性对他们有什么用处？它阻碍着体力的发展，儿童是不需要这种阻碍的。

当你试图说服你的学生相信他们有服从的义务时，你在你所谓的说服当中就已经是掺杂了暴力和威胁，或者更糟糕的是还掺杂了阿谀和许诺。因此，他们或者是为利益所引诱，或者是为暴力所强迫，就装着是被道理说服的样子。他们同你一样，很快地看到服从对他们有利、反抗对他们是有害的。但是，由于你强迫他们做的尽是他们不喜欢做的事情，由于照别人的心意办事总是挺痛苦的，因此，他们就悄悄地照他们的心意去做，而且认为，只要你不发现他们是阳奉阴违，他们就可以大做特做，而一旦被发现，就准备认错，以免吃到更大的苦头。为什么要服从，在他们那个年龄是不能理解的，世界上还没有哪一个人能够使他们真正明白这个道理。不过，由于害怕受到你的惩罚和希望得到你的宽恕，由于你再三地强迫，硬要他们答应，所以弄得他们只好你怎样说就怎样承认了。你以为是用道理把他们说服了，其实是因为他们被你说得挺厌烦和害怕了。

这样一来，将产生什么后果呢？由于你把他们不能理解的义务强加在他们身上，将促使他们起来反抗你的专制，使他们不爱你，使他们为了得到奖励或逃避惩罚而采取奸诈、虚伪和撒谎的行为。最后，使他们惯于用表面的动机来掩盖秘密的动机，从而学会不断地捉弄你的手段，使你无法了解他们真正的性格，而且一有机会就用空话来对你和别人进行搪塞。

二

在一个美丽的黄昏，我们到一个幽静的地方去散步，在那里，开阔的地平线可以让我们看到日落的全景。我们注意地观察了日落之处的景物，以便记得那个地方。第二天，我们为了呼吸新鲜空气，就在日出以前又到那里去。太阳还没有出来，我们就远远地看到了它发出的火光。火光越来越大，整个东方好像都烧了起来。火光迸发之后，我们等了很久还是没有看到太阳，每一个瞬间我们都以为它要出来了，到最后我们才终于看到了它。一个明亮的光点像闪电似的出现在眼前，而且立刻充满了整个空间，黑暗的帷幕落下去了。人们又看见了他们居住的地方，发现它们已经变得很美丽。夜里，绿茵获得了新的活力，黎明照耀着它，初升的阳光给它镀上了金黄的颜色，盖上一个用露珠织成的亮晶晶的网罩，把它的光彩和颜色反映在人们的眼里。所有这些情景的交相配合，给我们带来了一种沁透心灵的清新的感觉。在这半个小时当中，没有哪一个人不为之神往。面对着这么壮观和美妙的一种景色，谁也不能无动于中。

老师的心中热情洋溢，他想把这种感受传达给孩子，他以为使孩子注意那些触动他本人的情感的地方，就可以使孩子受到同样的感动。这完全是愚蠢的想法！自然景色的生命，是存在于人的心中的，要理解它，就需要对它有所感受。孩子看到了各种景物，但是他不能觉察那些景物的关系，他不能理解它们优美的谐和。要能感受所有这些感觉综合起来的印象，就需要有一种他迄今还没有取得的经验，就需要有一些他迄今还没有感受过的情感。如果他从来没有在干燥的原野上跑过，如果他的脚没有被灼热的沙砾烫过，如果他从来没有受过太阳照射的岩石所反射的闷人的热气，他怎能领略那美丽的早晨的清新空气呢？花儿的香、叶儿的美、露珠的湿润，在草地上软绵绵地行走，所有这些，怎能使他的感官感到畅快呢？如果他的想象力还不能给他描绘那一天的欢乐，他又怎能带着欢乐的心情去观看那极其美丽的一天的诞生呢？最后，如果他不知道是谁的手给自然加上了这样的装饰，他又怎能欣赏自然情景的美呢？

三

自然的真正进程是比较缓慢地逐渐前进的，血液一点一点地开始沸腾，心思一点一点地趋于细致，性情一点一点地慢慢形成。管理工厂的聪明的工人，在用工具去制造东西以前，是十分注意地要使他所有的工具都做得非常精良。在产生最初的欲望之前，有一个漫长的焦虑不安的时期，长期的无知状态蒙蔽了他的欲望的心。他有所欲望，然而又不知道他要得到的是什么东西。血液激烈地沸腾起来，过剩的生命力要向外奔放。眼睛灼灼有光，频频地观看别人，他开始对我们周围的人发生兴趣，他开始觉得他生来不是要单独一个人生活的，这时候，他的心对人类的爱打开了大门，懂得什么叫爱了。

经过细心培养的青年人易于感受的第一个情感，不是爱情而是友谊。他日益成长的想象力首先使他想到他有一些同类，人类对他的影响早于性对他的影响。所以，把蒙昧无知的时期加以延长，还可以获得另外一个好处，那就是利用日益成长的感性给这个青年人的心中投下博爱的种子。正是由于在他一生中，只有这个时候对他的关心教养才能取得真正的成效，所以这个好处的意义更为重大。

我往往发现，很早就开始堕落、沉湎酒色的青年是很残酷不仁的。性情的暴烈使他们变得很急躁；爱报复和容易发脾气的人，他们不顾一切，只图达到他们想象的目的，他们不懂得慈悲和怜悯，他们为了片刻的快乐就可牺牲他们的父亲、母亲和整个的世界。反之，一个在天真质朴的生活中成长起来的青年，由于自然的作用是必然会养成敦厚和重感情的性情的。他热诚的心一见到人的痛苦就深为感动；他见到伙伴的时候就高兴得发抖，他的两臂能温柔地拥抱别人，他的眼睛能流出同情的眼泪；当他发现他使别人不愉快了，他就觉得羞愧；当他发现他冒犯别人了，他就觉得歉然。如果火热的血使他急躁不安和发起怒来，隔一会儿以后，你就可以从他那深深惭愧的表情中看出他天性的善良；他见到自己伤害了别人就哭泣和战栗，他愿意用自己的血去赔偿他使别人所流的血；当他觉察到他犯了过失，他所有的怒气就会消失，他所有的骄傲就会变为谦卑。如果别人冒犯了他，在他盛怒的时候，只要向他道一个歉，只要向他说一句话，就可以消除他的怒气。他既能真心实意地弥补他自己的过失，也能真心实意地原谅他人的过失。青春时期，不是对人怀抱仇恨而是对人十分仁慈和慷慨的时期。

是的，我是这样说的，我不怕把我的话付诸经验的考查，一个在二十岁以前一直保持着天真的善良人家的孩子，在青春时期的确是人类当中最慷慨和最善良的人，他既最爱别人，也最值得别人的爱。我深深相信，还从来没有人向你说过这样的话。你们那些在学院的腐败的环境中教育出来的哲学家，是不愿意知道这一点的。

蒙田随笔（节选）

[法] 蒙田

作者简介

蒙田（1533—1592），十六世纪人文主义思想家、作家、怀疑论者。主要作品有《蒙田意大利之旅》《蒙田随笔》《热爱生命》。蒙田告诫我们："人间总有那么多出其不意的突变，很难说我们怎样才算是到了穷途末路，人只要一息尚存，对什么都可抱有希望。"

内容简介

《蒙田随笔》是法国人文主义作家米歇尔·蒙田创作的随笔集，于1580~1587年分三卷在法国先后出版。全书共107章，近百万字，涉及日常生活、传统习俗、人生哲理等内容。蒙田以智者的眼光，在作品中考察大千世界的众生相，反思探索人与人生，肯定人的价值和欲望，充满了人性自由、科学知识的人文思想。

这本书的创作长达20年，自从37岁蒙田继承父亲的乡下领地开始，他便钻进藏书室，开始了隐居创作的日子，一直到1592年去世。

名篇节选

空壳的麦穗才会趾高气扬。

《圣经》上说："我要灭绝智慧人的智慧，废弃聪明人的聪明，智慧人在哪里？文士在哪里？这世上的辩士在哪里？神岂不是叫这世上的智慧变成愚拙了吗？世人凭自己的智慧既不认识神，神就乐意用人所当作愚拙的道理，拯救那些信的人。"

可是，我还是应该看一看，人是不是有能力发现他寻找的东西，人那么多世纪以来寻找真理，是不是使自己获得了一些新的力量和坚实的真理。

我相信，他若说心里话，就会向我承认，他多年来追求所得到的，只是他懂得了认识自己的弱点。我们与生俱来的无知，经过我们长期的探索，得到了肯定和证明。真正有知识的人的成长过程，就像麦穗的成长过程：麦穗空的时候，麦子长得很快，麦穗骄傲地高高昂起；但是，当麦穗成熟饱满时，它们开始谦虚，垂下麦芒。同样的，人经过一切尝试和探索后，在一大堆洋洋洒洒的学问知识中，找不到一点扎实有分量的东西，发现的只是过眼烟云，也就不再自高自大，老老实实承认人的本来地位。

希腊七贤之一佩雷西德斯临死前写信给泰利斯："我嘱咐家里人在把我埋葬以后，把我的著作带给你。如果你和其他贤人读了高兴，就把它们出版，否则就销毁它们，里面没有一条信念是我自己感到满意的。所以我不能宣称我懂得真理和达到真理。我只是提到这些问题，不是发现这些问题。"

从前那位最智慧的人，当有人问他知道什么，他回答说他知道的只有一件事，就是他什么都不知道。他还证实有人说的这句话是对的：我们知道的东西再多，也是我们不知道的东西中极小的一部分。这就是说，我们以为拥有的知识，跟我们的无知相比，仅是沧海一粟。柏拉图说，我们知道的东西是虚的，我们不知道的东西是实的。

几乎所有的古人都说，我们不可能认识什么、理解什么、知道什么，我们的感觉是有限的，我们的智力是弱的，我们的人生又太短了。

“我应该说话，但不表示任何肯定；我始终在寻找，时常在怀疑，不相信自己。”寻找东西的人，都会遇到这么一个阶段。或者他说找到了东西，或者他说没有找到东西，或者他说还在找东西。所有的哲学无不属于这三类中的一类。哲学的目的是寻找真理、学问和信念。逍遥派、伊壁鸠鲁派、斯多葛派和其他人相信他们已经找到了。这些人承认我们现有的学问，并把它们当作肯定无疑的。克利多马修斯、卜涅阿德斯和学院派寻找得灰心绝望，认为我们没有能力去认识真理。他们的结论是人就是软弱和无知，这个学派的信徒最多，人物也最杰出。

皮浪和其他怀疑论者或未定论者（他们的学说，都是古人从荷马、七贤人、阿尔基勒克斯、欧里庇得斯，还有芝诺、德谟克利特、色诺芬尼那里摘录的），他们说他们还在寻找真理。这些自以为已经找到真理的人真是大错特错了。至于第二类，肯定人的力量无法达到真理，他们也认为这个结论下得过于仓促和虚妄。因为，测定人的能力范围，认识和判断这些事的困难性，这是一项巨大和艰难的学问。他们怀疑人能否解决这个问题。

既然说什么都不可能认识，那么谁又能说人是不可能认识什么的？其实他自己也不见得知道是否可能。

卢克莱修知道自己无知，判断自己无知，谴责自己无知，这不是完全的无知。完全的无知，是不知道自己无知的无知。因而皮浪派宣扬的是犹豫、怀疑和探询，什么都不肯定，什么都不保证。心灵的三个功能：想象、欲望和同意。他们接受前两种功能，最后一种功能，他们让它处于模棱两可的状态，不对任何一边表示，哪怕是一点点的偏向和倾斜。

有的人由于他们国家的习俗，或者父母的教育，或者经常在懂事以前没有判断和选择的能力，像遇到一场风暴似的非常偶然，选择了这个或那个看法，斯多葛的或伊壁鸠鲁的学派，此后永远附在上面再也不能脱身，仿佛吞进了鱼钩不能摆脱。"他们依附任何哪个学派，都犹如风浪把他们抛上一块礁石，紧紧抱住不放。"但是那些人为什么不能同样维护自己的自由，不在约束和奴役下去考虑事物呢？"他们的判断力越是不受影响，他们越是自由和独立。"自己可以摆脱其他人所受的必要束缚，不是一种优势吗？凡事疑而不决，不是胜过陷入幻想所产生的种种谬误吗？暂且不作决断，不是强于参加乱哄哄的纷争吗？

至于皮浪主义者的生活行为，还是跟平民百姓没有两样。他们要服从自然要求，满足情欲冲动，遵守风俗习惯，尊重文艺传统。"因为上帝要我们使用事物，不要我们认识事物。"他们在日常行动中任凭这些原则的指引，不参与意见与评论。这使我没法把有人对皮浪的看法跟这条道理凑合起来。他们说他愚蠢、麻木，过着逃避人世的遁迹生活，不会躲开小车的冲撞，伫立于悬崖之前，不愿服从生活规律，这超过了他的学说。他不愿意变成石块或木头，他要做一个有生命的人那样演说、推理，享受生活中的一切乐事，正当健康地利用和发挥肉体与精神上的一切潜力。有人僭用想入非非、虚无缥缈的特权，去任意支配真理、安排真理和创立真理，皮浪开诚布公，对这些特权敬谢不敏。

秋颂

［英］约翰·济慈

作者简介

约翰·济慈（1795—1821），出生于十八世纪末的伦敦，杰出的英国诗人作家之一，浪漫派的主要成员。济慈才华横溢，与雪莱、拜伦齐名。他善于运用描写手法创作诗歌，将多种情感与自然完美结合，从生活中寻找创作的影子。他的诗篇能带给人们身临其境的感受。

内容简介

《秋颂》以秋季的温暖和丰硕为主题。人皆颂春天的美丽，而济慈则感到秋天的成熟更可爱。1819 年 9 月一个星期天，诗人漫游乡野，感到空气清爽，收割过的田地显得特别温暖，边走边吟，回来就写成此诗，表达了对秋天的赞美之情。

名篇节选

雾气洋溢，果实圆熟的秋，
你和成熟的太阳成为友伴；
你们密谋用累累的珠球，
缀满茅檐下的葡萄藤蔓；
使屋前的老树背负着苹果，
让熟味透进果实的心中，
使葫芦胀大，鼓起了榛子壳，好塞进甜核；
又为了蜜蜂，一次一次开放过迟的花朵，
使它们以为日子将永远暖和，
因为夏季早填满它们黏巢。
谁不经常看见你伴着谷仓？
在田野里也可以把你找到，
你有时随意坐在打麦场上，
让发丝随着簸谷的风轻飘；
有时候，为罂粟花香所沉迷，
你倒卧在收割一半的田垄，
让镰刀歇在下一畦的花旁；
或者，像拾穗人越过小溪，
你昂首背着谷袋，投下倒影，
或者就在榨果架下坐几点钟，
你耐心地瞧着徐徐滴下的酒浆。
啊！春日的歌哪里去了？但不要

想这些吧，你也有你的音乐——
当波状的云把将逝的一天映照，
以胭红抹上残梗散碎的田野，
这时啊，河柳下的一群小飞虫
就同奏哀音，它们忽而飞高，
忽而下落，随着微风的起灭；
篱下的蟋蟀在歌唱，在园中
红胸的知更鸟就群起呼哨；
而群羊在山圈里高声咩叫；
丛飞的燕子在天空呢喃不歇。

老人与海（节选）

［美］海明威

作者简介

欧内斯特·米勒·海明威（1899—1961），美国作家、记者。海明威强调写作的客观性与主题思想的隐晦含蓄，反对直接出场对人物进行评说与暗示。他常用含蓄的语言表达复杂的情感，用有限的形式表达无尽的内涵。因而，他的小说在外观不动声色，但内在情感却是丰厚炽热。

内容简介

《老人与海》是美国作家海明威于1951年在古巴写的一篇中篇小说。故事的背景是在20世纪中叶的古巴。风烛残年的老渔夫一连八十四天都没有钓到一条鱼，但他仍不肯认输，终于在第八十五天钓到一条身长十八尺的大马林鱼。大鱼拖着船往海里走，老人依然死拉着不放，经过两天两夜之后，他终于杀死大鱼，把它拴在船边。但许多鲨鱼立刻前来抢夺他的战利品。他战胜了它们，到最后只剩下一支折断的舵柄作为武器。最终，老人筋疲力尽地拖回一副鱼骨头，他回到家躺在床上，只好从梦中去寻回那往日美好的岁月，以忘却残酷的现实。

名篇节选

它是条大鱼，可以供养一个人整整一冬，他想，别想这个啦。还是休息休息，把你的手弄弄好，保护这剩下的鱼肉吧。水里的血腥气这样浓，我手上的血腥气就算不上什么了。再说，这双手上出的血也不多，出血也许能使我的左手不再抽筋。

我现在还有什么事可想？他想。什么也没有。我必须什么也不想，等待下一条鲨鱼的到来。但愿这真是一场梦，他想。不过谁说得准呢？也许结果会是好的。

接着来的鲨鱼是条单独的铲鼻鲨。看它的来势，就像一头猪奔向饲料槽，如果说猪能有这么大的嘴，你可以把脑袋伸进去的话。老人让它咬住了鱼，然后把桨上绑着的刀子扎进它的脑子。但是鲨鱼朝后猛地一扭，打了个滚，刀刃啪地一声断了。

老人坐下来掌舵。他都不去看那条大鲨鱼在水里慢慢地下沉，它起先是原来那么大，然后渐渐小了，然后只剩一丁点儿了。这种情景总叫老人看得入迷。可是这会儿他看也不看一眼。

“我现在还有那根鱼钩，”他说，“不过它没什么用处。我还有两把桨和那个舵把和那根短棍。”

它们如今可把我打败了，他想。我太老了，不能用棍子打死鲨鱼了。但是只要我有桨、短棍和舵把，我就要试试。他又把双手浸在水里泡着。下午渐渐过去，快近傍晚了，他除了海洋和天空，什么也看不见。空中的风比刚才大了，他指望不久就能看到陆地。

“你累乏了，老家伙，”他说，“你骨子里累乏了。”

直到快日落的时候，鲨鱼才再来袭击它。

老人看见两片褐色的鳍正顺着那鱼必然在水里留下的很宽的臭迹游来。它们竟然不用到处来回搜索这臭迹。它们笔直地并肩朝小船游来。

他刹住了舵把，系紧帆脚索，伸手到船梢下去拿棍子。它原是个桨把，是从一支断桨上锯下的，大约两英尺半长。因为它上面有个把手，他只能用一只手有效地使用，于是他就用右手好好儿攥住了它，弯着手按在上面，一面望着鲨鱼过来。两条都是加拉诺鲨。

我必须让第一条鲨鱼好好咬住了才打它的鼻尖，或者直朝它头顶正中打去，他想。

两条鲨鱼一起紧逼过来，他一看到离他较近的那条张开嘴直咬那鱼的银色鱼腹，就高高举起棍子，重重地打下去，砰的一声打在鲨鱼宽阔的头顶上。棍子落下去，他觉得好像打在坚韧的橡胶上。但他也感觉到坚硬的骨头，于是他就趁鲨鱼从那鱼身上朝下溜的当儿，再重重地朝它鼻尖上打了一下。

另一条鲨鱼刚才窜来后就走了，这时却又张大了嘴扑上来。它直撞在鱼身上。闭上两颚，老人看见一块块白色的鱼肉从它嘴角漏出来。他抡起棍子朝它打去，只打中了头部，鲨鱼朝他看看，把咬在嘴里的肉一口撕下了。老人趁它溜开把肉咽下时，又抡起棍子朝它打下去，只打中了那厚实而坚韧的橡胶般的地方。

“来吧，加拉诺鲨，”老人说，“再过来吧。”

鲨鱼冲上前来，老人趁它合上两颚时给了它一下。他结结实实地打中了它，是把棍子举得尽量高才打下去的。这一回他感到打中了脑子后部的骨头，于是朝同一部位又是一下，鲨鱼呆滞地撕下嘴里咬着的鱼肉，从鱼身边溜下去了。

老人守望着，等它再来，可是两条鲨鱼都没有露面。接着他看见其中的一条在海面上绕着圈儿游着。他没有看见另外一条的鳍。

我现在没法指望自己打死它们了，他想。我年轻力壮时能行。不过我已经把它们俩都打得受了重伤，它们中哪一条都不会觉得好过。要是我能用双手抡起一根棒球棒，我准能把第一条打死。即使现在也能行，他想。

他不愿朝那条鱼看。他知道它的半个身子已经被咬烂了。他刚才跟鲨鱼搏斗的时候，太阳已经落下去了。

“马上就要天黑了，”他说，“那时候我将看见哈瓦那的灯火。如果我往东走得太远了，我会看见那新开辟的海滩上的灯光。”

我现在离陆地不会太远，他想。我希望没人为此担心。当然啦，只有那孩子会担心。可是我相信他一定有信心。好多老渔夫也会担心的。还有不少别的人，他想。我住在一个好镇子里啊。

他不能再跟这鱼说话了，因为它给糟蹋得太厉害了。但是，如果我把它的嘴砍下了，就能把它绑在桨把上，那该是多好的武器啊。这样，我们就能一起跟它们斗啦。要是它们夜里来，你该怎么办？你又有什么办法？

“跟它们斗！”他说，“我要跟它们斗到死。”

但是，在眼下的黑暗里，看不见天际的反光，也看不见灯火，只有风和那拉曳着的帆，他感到说不定自己已经死了。他合上双手，摸摸掌心。这双手没有死，他只消把它们开合一下，就能感到生之痛楚。他把背脊靠在船梢上，知道自己没有死。这是他的肩膀告诉他的。

我许过愿，如果逮住了这条鱼，要念多少遍祈祷文，不过我现在太累了，没法念。我还是把麻袋拿来披在肩上吧。

他躺在船梢掌着舵，注视着天空，等着天际的反光出现。我还有半条鱼，他想。也许我运气好，能把前半条带回去。我总该多少有点儿运气吧。“不，”他说，“你出海太远了，把好运给冲掉啦。”

“别傻了，”他说出声来，“保持清醒，掌好舵。你也许还有很大的好运呢。”

“要是有什么地方卖好运，我倒想买一些。”他说。我能拿什么来买呢？他问自己。能用一支弄丢了的鱼叉、一把折断的刀子和两只受了伤的手吗？

“也许能，”他说，“你曾想拿在海上的八十四天来买它。人家也几乎把它卖给了你。”

我不能胡思乱想，他想。好运这玩意儿，来的时候有许多不同的方式，谁认得出啊？可是不管什么样的好运，我都要一点儿，要多少钱就给多少。但愿我能看到灯火的反光，他想。我的愿望太多了。但眼下的愿望就只有这个了。他竭力坐得舒服些，好好掌舵，因为感到疼痛，知道自己并没有死。

大约夜里十点的时候，他看见了城市的灯火映在天际的反光。现在事情过去了，他想。它们也许还会再来袭击我。不过，一个人在黑夜里，没有武器，怎样能对付它们呢？他这时身子僵硬、疼痛，在夜晚的寒气里，他的伤口和身上所有用力过度的地方都在发痛。我希望不必再斗了，他想。我真希望不必再斗了。

但是到了午夜，他又搏斗了，而这一回他明白搏斗也是徒劳。它们是成群袭来的，朝那鱼直扑，他只看见它们的鳍在水面上划出的一道道线，还有它们的磷光。他朝它们的头打去，听到上下颚啪地咬住的声音，还有它们在船底下咬住了鱼使船摇晃的声音。他感到什么东西攫住了棍子，它就此丢了。

他把舵把从舵上猛地扭下，用它又打又砍，双手攥住了一次次朝下戳去。可是它们此刻都在前面船头边，一条接一条地窜上来，成群地一起来，咬下一块块鱼肉，当它们转身再来时，这些鱼肉在水面下发亮。

最后，有条鲨鱼朝鱼头游来，他知道这下子可完了。他把舵把朝鲨鱼的脑袋抡去，打在它咬住厚实的鱼头的两颚上，那儿的肉咬不下来。他抡了一次，两次，又一次。他听见舵把“啪”地断了，就把断下的把手向鲨鱼扎去。他感到它扎了进去，知道它很尖利，就再把它扎进去。鲨鱼松了嘴，一翻身就走了。这是前来的这群鲨鱼中最末的一条。它们再也没有什么可吃的了。

老人这时简直喘不过气来，觉得嘴里有股怪味儿。这味儿带着铜腥气，甜滋滋的，他一时害怕起来。但是这味儿并不太浓。

他朝海里啐了一口，说：“把它吃了，加拉诺鲨。做个梦吧，梦见你杀了一个人。”

他明白他如今终于给打败了，没法补救了，就回到船梢，发现舵把那锯齿形的断头还可以安在舵的狭槽里，让他用来掌舵。他把麻袋在肩头围围好，使小船顺着航线驶去。航行得很轻松，他什么念头都没有，什么感觉也没有。他此刻超脱了这一切，只顾尽可能出色而明智地把小船驶回他家乡的港口。夜里有些鲨鱼来咬这死鱼的残骸，就像人从饭桌上捡面包屑吃一样。老人不去理睬它们，除了掌舵以外他什么都不理睬。他只留意到船舷边没有什么沉重的东西，小船这时驶来多么轻松，多么出色。

船还是好好的，他想。它是完好的，没受一点儿损伤，除了那个舵把。那是容易更换的。

他感觉到已经在湾流中行驶，看得见沿岸那些海滨住宅区的灯光了。他知道此刻到了什么地方，回家是不在话下了。不管怎么样，风总是我们的朋友，他想。然后他加上一句：有时候是。还有大海，海里有我们的朋友，也有我们的敌人。还有床，他想。

等他驶进小港，露台饭店的灯光全熄灭了，他知道人们此刻都已经上床休息了。海风一步步加强，此刻刮得更猛了。然而港湾里静悄悄的，他直驶到岩石下一小片卵石滩前。没人来帮他的忙，他只好尽自己的力量把船划得紧靠岸边。然后他跨出船来，把它系在一块岩石上。

在乡下

[法]莫泊桑

作者简介

居伊·德·莫泊桑（1850—1893），19世纪后半叶法国自然主义作家，与俄国契诃夫和美国欧·亨利并称为“世界三大短篇小说巨匠”。代表作品有《项链》《漂亮朋友》《羊脂球》等。

内容简介

《在乡下》是一个引人深思的故事。故事发生在乡下两户贫穷的人家——蒂瓦什家和互兰家中。他们都无力抚养自己一岁半的孩子夏洛和让。当一个贵妇提出收养孩子的时候，蒂瓦什夫妇断然拒绝，一家人苦苦“在一起”。瓦兰夫妇则同意了请求。二十年后，成为富家子的让回来看望亲生父母，一家人大团结。他们的幸福和富足刺激了夏洛，他怨恨父母断送了自己的好日子，便离家出走，抛下贫穷年迈的父母……

名篇节选

两间茅屋并排坐落在小山脚下，离一个有海滨浴场的小城市不很远。两个庄稼汉为了养活他们的孩子，终年辛辛苦苦地在肥沃的土地上劳动。他们每家都有四个孩子。从早到晚，这一帮孩子都聚在两家门口玩耍。两个最大的六岁，两个最小的十五个月左右。这两家人结婚以及后来养孩子时间差不多都相同。

两个母亲在这堆孩子里勉勉强强可以认出哪些是自己的。两个父亲则完全分不出来。八个名字在他们的脑袋里跳动，不停地混杂在一起。他们需要叫某一个孩子的时候，常常要叫错三个名字以后才叫对。

从罗尔波尔的海滨浴场过来，两所房子中头一所住的是蒂瓦什夫妇，他们有三个女孩和一个男孩。另外一所住的是瓦兰夫妇，他们有一个女孩和三个男孩。

两家人全都勉强靠着汤、土豆和新鲜空气活下去。早上七点、中午十二点和晚上六点，两家的主妇像养鹅的人赶鹅那样，把孩子们吆喝到一块，喂他们吃的。他们按年龄大小坐在那张用了五十年、磨得发亮的木头桌子前面。最小的一个嘴刚够得到桌面。在他们每人面前放一个盆子，盆里盛满用汤泡着的面包，汤是用土豆加上半棵白菜、三个洋葱煮的。所有的孩子都吃得饱饱的，最小的一个由妈妈亲自喂。星期日，汤里熬上块牛肉，对大家来说就跟吃酒席一样丰盛。这一天父亲会留在饭桌上，迟迟不肯离开，一遍遍地说："我不反对每天都这么吃。"

八月里一天下午，有一辆轻便马车突然停在两间茅屋前面，一个亲自赶车的年轻女人对坐在她身边的那位先生说："啊！亨利，你看这堆孩子！他们像这样在尘土里打滚，有多么可爱！"

那男的什么也没有回答，他已经听惯了这种赞赏。对他来说这种赞赏是痛苦、甚至可以说是责备。

年轻女人又说：“我要去吻吻他们！啊！我多么希望我也能够有一个，有那一个，顶小的那个。”

她说着从车上跳下来，向孩子们跑过去，抓住两个最小的孩子中间的一个——蒂瓦什家的那一个，把他抱起来，亲热地吻他肮脏的脸蛋儿、沾满泥土的黄金色鬈发和为了躲开她讨厌的爱抚而不停挥动的小手。

她是亨利·德·于比埃尔太太。

一天早上，来了以后，她的丈夫跟她一起下车。那些孩子现在已经跟她很熟，可是她却没有在孩子跟前停下，径直走进了乡下人的茅屋。

那个年轻女人用发抖的、断断续续的声音开始说：

“我的好心的人们，我来找你们，是因为我想……我想把你们的……你们的顶小的男孩……带走。”

那两个乡下人一惊之下，听不懂是怎么回事，没有回答。

她喘过气来，继续说下去：

“我们没有孩子，我丈夫和我很孤独，我们想把他留在身边……你们答应吗？”

那个乡下女人开始明白了。她问：

“您想带走我们的夏洛？不行，绝对不行！”

于是德·于比埃尔先生出来调停：

“我的妻子没有说清楚。我们想收养他，不过他以后会来看你们的。从各方面看来他以后会有出息，如果真有出息，那他将来就是我们的继承人。如果我们万一有了自己的孩子，他也一样跟他们平分。不过，如果他辜负我们的一片心意，我们到了他成年以后会给他两万法郎，这笔钱可以立即用他的名义存在公证人那里。我们也考虑到你们，我们要送给你们一笔终身年金，每月一百法郎。你们听明白了吗？”

那个农妇勃然大怒，站了起来。

“你们是要我把夏洛卖给你们吗？啊！不行。这种要求根本就不应该提出来！啊！不行！那简直是太卑鄙了！”

那个男的表情严肃，沉思着，什么也没有说。但是他不断地点头，表示赞成他妻子的话。

“好了，你们出去吧，以后别让我再在这儿看见你们。怎么可以这样夺走人家的孩子！”

德·于比埃尔太太朝外走着，忽然想起顶小的男孩一共有两个，于是她这个被宠坏了的、想要什么就要立刻到手的任性女人噙着眼泪，固执地问：

“那另外一个小的不是你们的吧？”

“不是，是邻居的，你们愿意的话，可以到他们家去。”说完他就回到自己的屋里，从屋里传来了他的妻子气愤不平的声音。

瓦兰夫妇正在吃饭，饭桌上在他们两人中间放着一碟黄油，他们用刀子挑一点，十分节省地抹在面包片上，慢慢吃着。

德·于比埃尔先生又一次提出他的建议，不过这一次提得比较婉转，比较谨慎，比较巧妙。

两个乡下人摇头拒绝，但是知道每个月可以得到一百法郎以后，你看着我，我看着你，使着眼色互相询问，决心已经有七八分动摇了。

他们在苦恼中长时间地保持沉默，心里犹豫不决。那女的最后问道：

“孩子他爹，你看怎么样？”

他一本正经地说：

“我看这并不丢脸。”

德·于比埃尔太太急得浑身哆嗦，她跟他们谈起了孩子的未来，他的幸福，以及他以后可能给他们的钱。那庄稼汉问：

“这一千二百法郎的年金在公证人面前立字据吗？”

德·于比埃尔先生回答：“当然，从明天就开始。”

那乡下女人想了想，说：“每月一百法郎换咱们一个孩子太少了一点儿。再过几年这个孩子就可以干活儿了，我们要一百二十法郎。”

德·于比埃尔太太已经急得直跺脚，她听了以后立刻就表示同意。她想把孩子带走，因此在她丈夫立字据的时候，又额外送了一百法郎。

年轻女人欢天喜地，像从铺子里买到一样喜爱的小玩意儿似的，抱着啼哭的小娃娃走了。

瓦兰夫妇立在门口，望着那孩子给抱走，他们一声不响，也许心里有点儿懊悔吧。

从此以后就再也听不到小让·瓦兰的消息了。他的父母每个月到公证人那里去领一百二十法郎。他们和邻居闹翻了，因为蒂瓦什大婶骂他们无耻，挨家挨户对人说，除非是丧失人性才会出卖自己的亲生儿子，这简直是一件骇人听闻的事，一件卑鄙龌龊的事，一件伤风败俗的事。

有时候她故意炫耀自己，抱着她的夏洛，好像他听得懂似的，大声对他说：

“我没有卖掉你，我没有卖掉你，我的孩子。我不卖我的孩子。我没有钱，但是我不卖我的孩子。”

瓦兰夫妇靠着赡养费生活得很舒适。蒂瓦什夫妇无法平息下去的怒火就是从这一点来的，他们一直很贫困。

夏洛二十一岁的那年，有一天早上来了一辆华丽的马车停在两间茅屋门口，一位挂着金表链的年轻先生从车上下来，搀扶着一位白发苍苍的老太太。老太太对他说：

“那边，我的孩子，第二所房子。”

他走进瓦兰家的茅屋，就像是他自己家一样。

老妈妈正在洗围裙，身体衰弱的老大爷在壁炉旁边打盹，两个人都抬起了头。年轻人说：

“你好，爸爸。你好，妈妈。”

他们不胜惊讶地站起来。那乡下女人激动得连肥皂都掉在水里，她结结巴巴地说：

“是你吗，我的孩子？是你吗？我的孩子？”

他搂住她，一边吻她，一边又说了一遍：“你好，妈妈。”这当儿，老头儿全身哆嗦着，用他那从来没有失去过的平静声调说：“你回来啦？”好像一个月以前还见过他似的。

他们相认以后，做父母的一定要立刻领儿子出去见见当地的人。他们领他去见村长，见村长助理，见教堂神父，见小学教员。

夏洛站在自己的茅屋门口，望着他走过去。

晚上吃饭的时候，他对两个老人说：

“你们一定是傻瓜，才会让人家把瓦兰家的孩子带走。”

母亲固执地回答：

“我们不愿意出卖我们的孩子。”

父亲什么也没有说。

儿子又说：

“做这样的牺牲真是太大了。”

蒂瓦什老大爷于是生气地说：

“你要责备我们把你留下吗？”

年轻人粗暴地回答：

“对，我要责备你们，你们简直是糊涂虫。像你们这样的父母，只会给孩子带来不幸。我要是离开你们，这也是你们自作自受。”

老妇人眼泪哗哗地流到汤盆里，她用勺子舀起的汤到嘴边又洒掉。她低声哭着说：

“累死累活把孩子们养大，却落这么个下场！”

那小伙子冷酷地说：

“与其像现在这样，还不如不生下来。我刚才看见那一个，肺都要气炸了。我对自己说：瞧，我本来应该是这个样子。”

他站起来。

“噢，我最好还是别再留在这儿了，因为我会从早到晚责怪你们，我会使得你们的日子不好过的。还有，我永远不会饶恕你们！”

两个老人垂头丧气，流着眼泪却一声不吭。

他接着又说：“不行，想到这件事太痛苦了。我宁可到别的地方去谋生。”

他打开门，一阵说话声传进来。瓦兰一家正在庆祝孩子的归来。

于是夏洛跺了一下脚，朝他的父母转过身来，嚷道：

“土包子！”

他消失在黑夜里。

归来的温馨

[智利]聂鲁达

作者简介

巴勃罗·聂鲁达，智利当代著名诗人，十三岁开始发表诗作。他的诗歌既继承西班牙民族诗歌的传统，又接受了波德莱尔等法国现代派诗歌的影响。聂鲁达对中国和中国文化很有兴趣，在访问中国时他得知，自己的中文译名中的“聂”字是由三只耳朵（繁体“聶”）组成，于是说：“我有三只耳朵，第三只耳朵专门用来倾听大海的声音。”

内容简介

《归来的温馨》用优美的语句展现了大自然的魅力，时刻透露着对家园的眷恋和热爱。一切都是家园的亲切让作者感觉到了无限的温馨，那是远行游子永远惦念的家园，是作者的精神和思想圣地。

名篇节选

我的住所幽深，院内树木繁茂。久别之后，房子的许多去处吸引我躲进去尽情享受归来的温馨。花园里长起神奇的灌木丛，散发出我从未领受过的芬芳。我种在花园深处的杨树，原来是那么细弱，那么不起眼，现在它们竟长成了大树。它直插云天，表皮上有了智慧的皱纹，梢头不停地颤动着新叶。

最后认出我的是栗树。当我走近时，它们光裸干枯的、高耸纷繁的枝条，显出高深莫测和满怀敌意的神态，而在它们躯干周围正萌动着无孔不入的智利的春天。我每回都去看望它们，因为我心里明白，它们需要我去巡礼。在清晨的寒冷中，我凝然伫立在没有叶子的枝条下，直到有一天，一个羞怯的绿芽从树梢高处远远地探出头来看我，随后长出来了更多的绿芽。我回来的消息散播给了那棵大栗树上所有躲藏的满怀疑虑的树叶。现在，它们骄傲地向我致意，俨然已经习惯了我的归来。

鸟儿在枝头重新开始往日的啼鸣，仿佛树叶下什么变化也未曾发生。

书房里等待我的是冬天和残冬的浓烈气息。

在那古老的窗子旁边，面对着安第斯山顶上白色和蓝色的天空，在我的背后，我感到了正在与这些书籍进行搏斗的春天的芬芳。书籍不愿摆脱长期被人抛弃的状态，依然散发出一阵阵香甜的气息。春天身披新装，带着忍冬的香气，正在进入各个房间。

海螺是我住所里最沉默的居民。从前海螺连年在大海里度过，养成了极度的沉默。如今，近几年的时光又给它增添了岁月和尘埃。可是，它那珍珠般冷冷的闪光，它那哥特式的同心椭圆形，或是它那张开的壳瓣，都使我记起远处的海岸和事件。这种闪着红光的珍贵海螺叫 Rostellaria，是古巴的软体动物学家——卡洛斯·德·拉·托雷把它当作海底勋章赠给我的。这些加利福尼亚海里的“橄榄”，以及同一处来的带红刺的和带黑珍珠的牡蛎，都已经有一点儿褪色，而且盖满了尘埃。从前，就在有那么多宝藏的加利福尼亚海上，我们险些遇难。

还有一些新居民，就是从封存了很久的大木箱里取出的书籍和物品。这些松木箱来自法国，箱子板上有地中海的气味，打盖子时发出嘎吱嘎吱的响声，随即箱内出现金光，露出维克多·雨果著作的红色书皮。旧版的《悲惨世界》便把形形色色令人心碎的生命，在我家的几堵墙壁之内安顿下来。

玫瑰花在匆匆开放。从前，我对玫瑰很反感，因为她没完没了地附丽于文学，因为她太高傲。可是，眼看她们赤身裸体顶着严冬冒出来，当她在坚韧多刺的枝条间露出雪白的胸脯，或是露出紫红色的火团的时候，我心中渐渐充满柔情，赞叹她们含着挑战意味发出的浪涛般神秘的芳香与光彩。而这是它们适时从黑色土地里尽情汲取之后，像是责任心创造的奇迹，在露天里表露的爱。而现在，玫瑰带着动人的严肃神情挺立在每个角落，这种严肃与我正相符，因为她们和我都摆脱了奢侈与轻浮，各自尽力发出自己的一分光。

四面八方吹来的风使花朵轻微起伏、颤动，飘来阵阵沁人心脾的芳香。青年时代的记忆涌来，令人陶醉。已经忘却的美好名字和美好时光，那轻轻抚摸过纤手，高傲的琥珀色双眸，以及随着时光流逝已不再梳理的发辫，一起涌上心头。

这是忍冬的芳香，这是春天的第一个吻。

静

[俄] 蒲宁

作者简介

伊凡·亚历克塞维奇·蒲宁(1870—1953),俄国作家。在他的诗歌中，大都是赞美河山、讴歌散发清香的乡村和辽阔的森林原野。他通过描绘自然风光来抒发心中的感受和联想，表现出对往昔贵族地位的留恋和家业衰败的惋惜。他的文笔生动细腻，在 1933 年获得诺贝尔文学奖。

内容简介

这是作者蒲宁的经典散文，记录了日内瓦一天的游览经历。在美妙的问候中慢慢展现美景，并呈现出令人喜悦的“静”。“静”是一种安宁、祥和，是作者要追求的生活状态。日内瓦山水的“静”，使作者远离了都市的喧嚣，澄净了作者的心灵。“静”的美景，激起了作者对美的渴求，并愿用内心的欢乐来充实这种美。

名篇节选

我们是在夜里到达日内瓦的，那时天正下着雨。拂晓前，雨停了。雨后初霁，空气变得分外清新。我们推开阳台门，秋晨的凉意扑面而来，使人陶然欲醉。由湖上升起的乳白色的雾霭，弥漫在大街小巷。旭日虽然还是朦朦胧胧的，却已经朝气勃勃地在雾中放着光。我们盥漱过后，匆匆穿好衣服，走出旅社。由于昨晚沉沉地睡了一觉，精神抖擞，准备去作尽情的畅游，而且怀着一种年轻人的预感，认为今天必有什么美好的事在等待着我们。

"上帝又赐予了我们一个美丽的早晨，"我的旅伴对我说，"你发现没有，我们每到一地，第二天总是风和日丽。千万别抽烟，只吃牛奶和蔬菜。以空气为生，随日出而起，这会使我们神清气爽！不消多久，不但医生，连诗人都会这么说的……别抽烟，千万别抽烟，我们就可体验到那种久已生疏了的感觉，感觉到洁净，感觉到青春的活力。"

可是日内瓦湖在哪里？有片刻工夫，我们茫然地停下来。远处的一切，都被轻纱一般亮晃晃的雾覆盖着。只有街梢那边的马路已沐浴在霞光下，好似黄金铸成的。于是我们快步朝着被我们误认为是浮光耀金的马路走去。

初阳已透过雾霭，照暖了阒无一人的堤岸，眼前的一切无不光莹四射。然而山谷、日内瓦湖和远处的萨瓦山脉依然在吐出料峭的寒气。我们走到湖堤上，不由得惊喜交集地站住了脚，每当人们突然看到无涯无际的海洋、湖泊，或者从高山之巅俯视山谷时，都会情不自禁地产生这种又惊又喜的感觉。萨瓦山消融在亮晃晃的晨岚之中，在阳光下难以辨清，只有定睛望去，方能看到山脊好似一条细细的金线，迤逦于半空之中，这时你才会感觉到那边绵亘着重峦叠嶂。近处，在宽广的山谷内，在凉飕飕的、润湿而又清新的雾气中，横着蔚蓝、清澈、深邃的日内瓦湖。湖还在沉睡，簇拥在港口的斜帆小艇也还在沉睡。它们就像张开了灰色羽翼的巨鸟，但是在清晨的寂静中还无力振翅高飞。两三只海鸥紧贴着湖水悠闲地翱翔着，冷不丁其中的一只，忽地从我们身旁掠过，朝街上飞去。我们立即转过身去望着它，只见它猛地又转过身子飞了回来，想必是被它所不习惯的街景吓坏了。

我们急欲进入群山的怀抱，泛舟湖上，航向远处的什么地方。然而雾还没有散，我们只得信步往市区走去，在酒店里买了酒和干酪，欣赏着纤尘不染的亲切的街道和静悄悄的金黄色的花园中美丽如画的杨树和法国梧桐。在花园上方，天空已被廓清，晶莹得好似绿松石一般。

“你知道吗，”我的旅伴对我说，“我每到一地总是不敢相信我真的到了这个地方，因为这些地方，我过去只能看着地图，幻想前去一游，并且时时提醒自己，这只不过是幻想而已。意大利就在这些崇山峻岭的后边，离我们非常之近，你感觉到了吗？在这奇妙的秋天，你感觉到南国的存在了吗？”

码头旁，游艇和船夫都在阳光下打着瞌睡。在蓝盈盈的清澈的湖水中，可以看到湖底的沙砾、木桩和船骸。这完全像是个夏日的早晨，只有主宰着透明的空气的那种静谧，告诉人们现在已是晚秋。雾已经消散得无影无踪，顺着山谷，极目朝湖面望去，可以看得异乎寻常的远，我们迫不及待地脱掉上衣，卷起袖子，拿起了桨。码头落在船后了，离我们越来越远。离我们越来越远的还有在阳光下光华熠熠的市区、湖滨和公园……前面波光粼粼，耀得我们眼睛都花了，船侧的湖水越来越深，越来越沉，也越来越透明。把桨插入水中，感觉水的弹性，望着从桨下飞溅出来的水珠，真是一大乐事。我回过头去，看到了我旅伴那升起红晕的脸庞，看到了无拘无束地、宁静地荡漾在坡度缓坦的群山中间浩瀚的碧波，看到了漫山遍野正在转黄的树林和葡萄园，以及掩映其间的一幢幢别墅。有一刻，我们停住了桨，周遭顿时静了下来，静得那么深邃。我们闭上眼睛，久久地谛听着，什么声音也没有，只有船划破水面时，湖水流过船侧发出的一成不变的汩汩声。甚至单凭这汩汩的水声也可猜出湖水多么洁净，多么清澈。

“划吗？”我问。

“慢着，你听！”

我把桨提出水面。连汩汩的水声也渐渐消失。从桨上滴下一颗水珠，然后又是一颗。太阳照得我们的脸越来越热……就在这时，一阵悠扬的钟声从很远很远的地方飘至我们耳际，这是深山中某处的一口孤钟。它离我们那么远，有时我们只能隐隐约约听到它的声音。

由深山中隐隐传至我们耳际的钟声温柔而又纯净，闭目坐在船上，侧耳倾听着这钟声，享受着太阳照在我们脸上的暖意和从水上升起的轻柔的凉意，是何等的甜蜜、舒适。有一艘闪闪发亮的白轮船在离我们约2000多米远的地方驶过，在湖面上激起一道道平展的、像玻璃一般透明的涌浪，缓缓地朝我们奔来，终于柔情脉脉地晃动了我们的小船。

“瞧，我们已置身在崇山的怀抱之中，”当轮船渐渐变小，终于隐没在远处以后，我的旅伴对我说，“生活已留在那边，留在这些崇山峻岭之外了，我们已进入寂静的幸福之邦，这寂静之邦何以名之，我们的语言中找不到恰当的字眼。”

他一边慢慢地划着桨，一边讲着、听着。日内瓦湖越来越辽阔地包围着我们。钟声忽远忽近，似有若无。

极目四望，山上大大小小的树林都抹上了绚丽而又柔和的秋色，一幢幢环翠浥秀的美丽别墅正在清静地度过这阳光明媚的秋日……我舀了一杯水，把茶杯洗净，然后把水泼往空中。水往天上飞去，迸溅出一道道光芒。

“你记得《曼弗雷德》吗？”我的同伴说，“曼弗雷德站在伯尔尼兹阿尔卑斯山脉中的瀑布前，时值正午，他念着咒语，用双手捧起一掬清水，泼向半空。于是在瀑布的彩虹中立刻出现了童贞圣母山……写得多美呀！此刻我就在想，人也可以崇拜水，自然界的神力真是不可思议！人活在世上，呼吸着空气，看到天空、水、太阳，这是多么巨大的幸福！可我们仍然感到不幸福！为什么？是因为我们的生命短暂，因为我们孤独，因为我们的生活谬误百出？就拿这日内瓦湖来说吧，当年雪莱来过这儿，拜伦来过这儿。后来，莫泊桑也来过。他孑然一身，可他的心却渴望整个世界都幸福。当年所有的理想主义者，所有的恋人，所有的年轻人，所有来这里寻求幸福的人都已弃世而去，永远消逝了。我和你有朝一日，同样也将弃世而去……你想喝点儿酒吗？”

我把玻璃杯递过去，他给我斟满酒，然后带有一抹忧郁的微笑，加补说：“我觉得，有朝一日我将融入这片亘古长存的寂静中，我们都站在它的门口，我们的幸福就在那扇门里边。你是否记得易卜生的那句话：‘玛亚，你听见这寂静吗？’我也要问你：你有没有听见这群山的寂静呢？”

我们久久地遥望着重重叠叠的山峦和笼罩着山峦的洁净、柔和的碧空，空中充溢着秋季的无望的忧悒。我们想象着我们远远地进入了深山的腹地，人类的足迹还从未踏到过那里。太阳照射着四周都被山岭锁住的深谷，有只兀鹰翱翔在山岭与蓝天之间的广阔的空中。山里只有我们两人，我们越来越远地向深山中走去，就像那些为了寻找火绒草而死于深山老林中的人一样……

我们不慌不忙地划着桨，谛听着正在消失的钟声，谈论着我们去萨瓦省的旅行，商量我们在哪些地方可以逗留多长时间，可我们的心却不由自主地离开话题，时时刻刻地向往着幸福。我们以前所从未见到过的自然景色的美和艺术的美，不论是哪里的，都激起我们朝气蓬勃的渴求，渴求我们的生活也能升华到这种美的高度，用出自内心的欢乐来充实这种美，并同人们一起分享我们的欢乐。我们在旅途中，无论到哪里，凡是我们所注视的女性无不渴求着爱情，那是一种高尚的、罗曼蒂克的、极其敏感的爱情，而这种爱情几乎使那些在我们眼前一晃而过的完美的女性形象神化了。然而这种幸福会不会是空中楼阁呢？否则为什么随着我们一步步去追求它，它却一步步地往郁郁苍苍的树林和山岭中退去，离我们越来越远？

那位和我在旅途中一起体验了那么多欢乐和痛苦的旅伴，是我一生中所爱的有限几个人中的一个，我的这篇短文就是献给他的。同时我还借这篇短文向我们俩所有志同道合的萍飘天涯的朋友致敬。

我的大学（节选）

［苏联］高尔基

作者简介

玛克西姆·高尔基（1868–1936）是苏联伟大的作家、诗人、评论家、学者，是苏联文学的代表人物。高尔基善于体现充满力量的美，处处彰显对生活、对自然的热爱。他的文笔极其利落，能用简短的几笔勾勒出真实的画面。1906 年高尔基完成了自己最伟大的代表作《母亲》，随后在列宁的鼓励下创作了自传体三部曲《童年》《在人间》《我的大学》。

内容简介

《我的大学》是苏联作家马克西姆·高尔基创作的自传体小说,是“人生三部曲”中的最后一部。其余两部为《童年》《在人间》。该书中，作者描写十六岁的青年阿廖沙梦想上大学，但由于贫寒，不得不为活着而奔波，靠卖力气生活。虽然主人公最终未能如愿，但他并没有沉沦在生活里，而是继续热烈地爱着这个世界。从书馆中，从身边的人身上，学习各种知识，战胜了精神上的绝望。从这个经历的记录中，我们可以看出青少年时代的高尔基对小市民习气的深恶痛绝，对自由的热烈追求，对美好生活的强烈向往。

名篇节选

就这样决定了，我要去喀山大学读书。我暗下决心，无论如何都要进入大学。

我上大学的念头是由一个名叫尼古拉·叶甫诺夫的中学生引起的。他有一双女人般温柔的眼睛，生着一副漂亮脸蛋儿，是个讨人喜欢的年轻人，当时他就住我们那栋房阁楼上，他因为常见到我读书，就留心我，于是我们相识了。认识没多久，叶甫里诺夫就下说我“具备从事科学研究的天赋”。

“您就是为科学研究而生的。”他蛮帅气地甩动着马鬃似的长发对我说。

叶甫里诺夫煞费苦心地向我证明，大学里面需要的正是我这种人。当然了，也必不可少地讲述了哈伊尔·罗蒙诺索夫的故事。他还说，到了喀山可以住在他家，用一个秋天和冬天的时间完成中学的学业，然后，随随便便去参加场考试（请注意他说的是“随随便便”），我就能申请助学金上大学，再上大约五年的时间，我就是“文化人”了。听他讲得多么轻而易举，这也难怪，毕竟他还是个十九岁的少年，又怀有一份菩萨心肠。

学校终考之后，他返回家乡。又过了两个星期，我随后而至。临行前，外祖母一再叮嘱说：“你以后别动不动就向人家发脾气了。老是发脾气，就会变得冷酷无情。这都是跟你外祖父学的。你看不见他得了一个什么结果吗？可怜的老头儿，活来活去，到老成了傻子。

你一定不要忘记：“上帝不惩罚人，只有魔鬼才干这种事。你走吧。唉……”她抹掉皱纹密布的老脸上的几滴泪水，接着说：“恐怕我们不会再见面了。你这疯了心的孩子，非要跑到海角天涯去，我将不久于人世了……”近几年来，我常常离开这个好心肠的老人，几乎不怎么和她见面，当我想到这个血脉相通、真心爱我的亲人，真的要弃我而去时，心中不免生出一丝悲哀。

我一直站在船尾向外祖母张望，她在码头紧靠水边处站着，一只手画着十字，一只手用破旧的披肩角擦拭她的眼，那是一双永远对世人充满慈爱的眼睛。

打那以后，我就来到这座有一半鞑靼人的城市了，住在一幢寂寥的房间里。房子对面是一片火烧之地，长满了茂密的野草，一大堆倒塌的建筑废墟从杂草和林木中突兀而出，废墟下是一个大地洞，那些无处安身的野狗常躲到这里，有时它们也就葬身于此了。这个地方令我永生难忘，它是我的第一所大学。

叶甫诺夫的家由妈妈和两个儿子组成，靠少得可怜的抚恤金维持生计。我刚到他们家那几天，常见这个面无血色的寡妇，每次从市场买回东西放到厨房里，就眉头紧锁，发一顿愁，她在思考如何解决面临的难题：把自己排除在外，即使如此，怎样才能用一块肉做一顿满足三个健硕男孩儿的美餐呢？”

她是一个异常沉静的女人，灰色的眼睛中蕴藉着温顺而倔强的精神，她就像一匹精疲力竭的母马，明明知道生活这辆车她已无法驾驭了，仍然免为其难地拼命向前拉。

到她家的第四天早上，她的两个儿子还在熟睡，我去厨房帮她洗菜。她小心翼翼地悄声问我：“您来这儿干什么？”

“念书上大学。”

只见她眉毛一挑，额头一蹙，原来手被切了，她一边吮着手指，一边跌到椅子里，随即又蹦起来，喊道：“哎呀，见鬼了……”

她用手帕包扎完伤口就赞许地说：

“您削土豆倒挺有水平的。”

这算得了什么，雕虫小技。我顺嘴儿告诉了她我在轮船上帮厨的历史。她接着问我：“那么，您凭这点儿本事就能上大学吗？”

我把她的话当真了，因为当时我还不懂什么是幽默与嘲讽。我向她详细介绍了我的行动计划，并强调指出，这样一来，上大学就不成问题了。

她无可奈何地叹了口气，嚷着：

“唉，尼古拉。这个尼古拉……”

尼古拉这时正好跑进厨房洗漱，他睡得晕晕乎乎，头发乱糟糟的，看上去和平常一样一兴高采烈。

“我说妈妈，要是吃顿肉馅儿饺子该多好哇。”

“那好吧。”她应道。

这正是我显示烹饪技艺的好机会，我赶紧接过话来说，要包饺子这点儿肉瘦太少了。

这下可坏了，娃尔娃拉·伊凡诺夫娜动怒了，她数落得我面红耳赤，又把手中的胡萝卜扔到了桌子上，转身离去了。尼古拉向我使着眼色，说：“生气啦……”他坐在凳子上接着对我说：女人比男人爱生气，这是与生俱来的。关于这一论断有关人士包括瑞士的大学者和英国的约翰·穆勒都曾做过探讨。

尼古拉特愿意教育我，凡遇恰当时机，则对我谆谆教诲。我呢，每次都是如饥似渴地听训诫。

不过，我很早就发现了这位可怜的的妈妈的厨房哲学。她的厨房技艺着实令人叹服，她是数着米粒做饭的，每天只用一点点东西变戏法似的做出丰富的菜肴，养活自己的两个孩子，还有我这个相貌平平、不懂礼貌的小流浪儿。分给我的每一片面包，在我心中都如岩石般沉重。我决定出去找点活儿干，我要自个儿养活自个儿。

我当时很热衷于幻想伟大的冒险事业，因为苦难的生活更需要幻想来调剂。苦难的日子让我变得更加坚强了，我并不奢望他人的救渡，也不渴望好运的降临。生存环境越艰苦，越能磨炼人的意志，增加人的智慧，这个道理我很小的时候就知道了。

为了填饱肚皮，我经常到伏尔加河码头上做事，在那儿挣到十五至二十个戈比会容易些。

因此，我就加入到那些搬运工、流浪汉和无赖的队列中了，我感觉自己仿佛一块生铁被投进了燃烧的炉火里，烙印重重地打在我的心上。

那些举止粗野、坦率鲁莽的人群，在我眼前走马灯似的转来转去，我因为有过去的一些经历，很容易和他们步调一致，加上我读过的波莱特·哈特的作品以及其他通俗小说，更加深了我对他们敢爱敢恨的潇洒人生态度的欣赏，我迫不及待地想融入这个热情的群体之中，成为其中的一员。

我认识一个行踪相当诡秘的人，他叫特鲁索夫，对我很好。他比较注重着装，仪表不凡，打扮得很阔绰，有一双音乐家般纤细修长的手。他在海军村开着一间钟表店，实际上他是借着这个招牌买卖偷来的赃货。他对我说："彼什柯夫，你可不能学做扒手。"他很正经地摸了一下他的胡须，然后眯起那双狡黠的双眼，"让我说，你可以另谋出路，你是个品行高洁的人。"

"何谓品行高洁？"

"嗯，怎么说呢，就是只有好奇心，而没有嫉妒心……"这样说我，我实在是受之有愧，因为我对许多人和事都产生过嫉妒心。贝什金说话的艺术和语言的优美，就曾引发我的嫉妒。我还记得他在讲一个爱情故事的时候这样开的头："在漆黑的夜色中，我像一只躲在树洞里的猫头鹰一样，呆坐在斯维亚什斯克这个荒僻的小城。这时正值十月，外面阴雨连绵，秋风怒号，像是委屈的鞑靼人拉长了声哀号似的呜呜个没完……"

论舒适

[英] 赫胥黎

作者简介

阿道司·赫胥黎(1894—1963),英格兰作家,属于著名的赫胥黎家族。赫胥黎是一个人文主义者，他在1932年创作的《美丽新世界》让他名留青史。

内容简介

作者在文中追溯了“舒适”的演变，论述了舒适与精神生活的关系。意在阐明对于“舒适”的生活追求不是绝对的，不能将其当作人生的唯一目的。

名篇节选

一桩新鲜事物

法国的旅店老板把它叫作“现代化的享受”，他们说得很好。讲舒服这件事确是近代才有的，比发现蒸汽要晚，使自己舒服，把追求舒适作为目的这一人类能够自己提出的最有吸引力的事是现代的新鲜事物，历史上自罗马帝国以来还从未有过。我们对于非常熟悉的事物总是认为理所当然，不假思索的，像鱼儿对待生活在里面的水一样，既不觉奇特也不觉新鲜，更不会去想一想有什么重大意义。软椅子、弹簧床、沙发、暖气、经常能洗热水澡，这些和其他使人舒服的东西已经深入到不算太富裕的英国资产阶级家庭日常生活里，而在三百年前就连最伟大的帝王可是做梦也想不到的。这件事很有趣，值得考查一下。

首先使人们注意到的是，我们的祖先生活得不舒服基本上是出于自愿。有些使人们生活舒服的东西纯粹是现代才发明出来的。在发现南美洲和橡胶树之前，就无法给车装上橡皮轮子。但就大多数来说，使我们能过得舒服的物质基础里去并没有什么新鲜东西。在过去的三四千年里，任何时候人类都可以造出沙发、吸烟室里的软椅，也可以安装上浴室、暖气和卫生管道。实际上，在某些时代人们也确实有过这些享受。罗马人曾发明一种复杂的热空气取暖系统，而一座漂亮的罗马别墅里洗澡设备的奢华和完备更是现代人做梦也想不到的。罗马的哲人政治家寒尼加说过：“我们已经奢华到了在浴池里如果脚下踩不到宝石就不满意的地步了。”澡塘大小和设备的完善也不亚于它奢华的程度。罗马皇帝戴阿克里欣的澡塘里的一间浴室就曾被用来改成一座大教堂。

还可以引用许多例证来说明我们的祖先所拥有的有限手段是如何可

以利用来使得生活舒服的。这些例证很清楚地说明中古时代和现代早期的人们在生活上之所以既不讲卫生又不会舒服并不是缺少改变他们生活方式的能力，而是因为他们愿意那样。因为肮脏和不舒服适合于他们政治上、道德上和宗教上的原则和偏见。

舒适与精神生活？

舒适和清洁与政治、道德、宗教又有什么关系呢？粗看去人们会说，在圈手椅和民主制度，沙发和家庭制度的松弛，热水澡和基督正统教义的衰亡之间既没有也不可能有什么因果关系。但只要仔细看一下，你就会发现在现代生活中对舒适要求的增长和现代思潮之间存在着极为密切的关系。我希望在本文里能说清这种关系，能阐明为什么艺术发达的 15 世纪的意大利王公贵人，伊丽莎白女王时代的英国人，甚至全盛时代的法国国王路易十四都不可能（不是物质上而是心理上不可能）生活在罗马人会叫作像样的清洁卫生环境里，或者享受一下对我们是不可缺少的生活上的舒适。

先谈谈圈手椅和暖气。我准备说一下，这些事物只有在封建专制制度瓦解和旧式家庭和社会等级衰亡之后才可能出现。软椅子和沙发之所以存在是为了使人们可以懒洋洋地靠在上面。在一张精致的现代圈手椅上你也只好靠着。而这种姿势是既不足显示尊严又不能表达恭敬。要打算显得神气或者训斥下属，我们总不能躺在软软的椅子里两脚蹬在壁炉架上，而必须坐直了，摆起架子才成。同样，要对一位夫人表示有礼貌或者对尊长表示敬意，我们也不能靠在那里，就算不站起来也得挺直腰板儿坐着。在过去的人类社会里有一套等级制度，每一个人都要对下显示尊严对上表示恭敬。在这种社会里，斜靠地坐着是绝对不可能的。路易十四在他的朝臣面前不可能这样做，而他的朝臣在他们的皇上面前也不可能这样做。只有亲临议会时，法兰西皇帝才能当众倚在御榻上。在这种场合，他要斜倚在一张名为“正大光明”的榻上，王公们坐着，大臣们站着，其他的小家伙都得跪着。讲舒服被宣布为帝王的特权。只有皇帝可以伸直了腿。我们也可以相信，这腿也会伸得非常有帝王气概。就是在亲密的家庭关系里也是一样。

父母像教皇和贵族一样以天赋的权力统治一切，儿女就是臣民。儿女不能在父母面前歪着靠着，同样，父母也不能在儿女面前歪着靠着，怕的是在有责任尊敬他们的儿女面前降低了自己的威严。因此，我们看到，在二三百年前的欧洲社会里，从神圣罗马皇帝、法国国王到最穷的乞丐，从长须的尊长到儿童，任何人都不可能在人前不端端正正地坐着。古代的家具就反映出使用它们的那个等级社会的生活习惯。古代和文艺复兴时代的工匠有能力造出圈手椅和沙发使人坐上去和今天的产品一样舒服，但社会既是那样，他们也就不去造它了。实际上，直到 16 世纪，连椅子也是少见的。在那以前，椅子是权威的象征，现在委员会的委员们可靠在椅子上，中古时代只有大人物有椅子。可以在舒服的家具上面随意让人（先是男人，随后是妇女）歪着的圈手椅和沙发是直到民主制度巩固树立起来以后才出现的。是中产阶级发展壮大起来，老规矩不存在了，妇女解放了，家庭里的限制消失了之后才出现的。

舒适本身就是目的?

因为追求舒适已成为一种生理习惯，一种风气，一种本身就值得追求的理想。世界上使人舒服的事越多，人们也就越觉得它的可贵。尝过什么叫舒服的滋味的，不舒服对他就成为一种真正的折磨。然而，我们要得到什么总不免要付出些代价。因之要舒服就要以失去别的同样有价值甚至是更为有价值的东西来作为代价。

当前一位有钱的人盖房子一般总是首先考虑他未来的住所是否舒服。他要花一大笔钱。因为舒适的代价是很高的；在美国，人们常说水暖俱全，房子出让。在洗澡间、暖气设备和带软垫的家具等方面，花了这笔钱，他就觉得他的房子是十全十美的。若在以前的时代，像他这样的人却首先会考虑他的房子是否华丽，是否给人以深刻印象——换句话说，就是先考虑美观再考虑舒服。我们同代人花在浴室和暖气上的钱在过去就会花在大理石楼梯、壁画、一套套金碧辉煌的房间和绘画雕像上。不过，我是个守旧派，看不出不能提高人们思想境界的物质进步有什么道理。我喜欢能节省劳力的装置，因为它们可以使人们省下时间去从事脑力活动。我喜欢迅速而方便的交通，因为扩大人们可以活动的世界范围就会开阔他们的心胸。同样我也觉得寻求舒适是正当的，因为那样就可以提高精神生活。不舒适会阻挠思想的活动，身上又冷又酸痛，要用脑子也是困难的。舒适是达到目的的手段。可是当前看来却把它当作一种目的，一种绝对好的东西了。也许有一天大地会被变成一张巨大的软垫床，人的躯体在上面打盹，而人的心灵被压在下面，像苔丝蒂梦娜那样地憋死了。

归途梦

[德]黑塞

作者简介

赫尔曼·黑塞(1877—1962),德国作家。爱好音乐与绘画,是一位漂泊、孤独、隐逸的诗人。作品多以小市民生活为题材,表现对过去时代的留恋,也反映了同时期人们的一些绝望心情。主要作品有《彼得·卡门青》《荒原狼》等。细腻的感情伴随深刻的内心探求,让黑塞的散文如诗般优美沉静,而诗歌则具有音乐般的穿透力。他曾指出,自己几乎所有的散文作品都是"心灵传记"。

内容简介

《归途梦》是一篇典型的黑塞所说的"心灵传记"。描写了离开城市走上乡间小路时短短一刻钟的心情。虽然只是到家前的15分钟,黑塞那充满诗意的自我却让这一刻钟在文字中幻化为一个彩色的梦。

名篇节选

作为办公室的代理官员，我的境况同大多数人一样，近年来以同过去的习惯不同的方式效劳着。一连几天、几周地被工作压得喘不过气来，带着工作的负担上床，又带着它起床，把工作的忧虑变成了自己的忧虑，寻找着更好的新路子，把个人全部投入了时代的熔炉之中。后来，一个时辰突然来临，本来的自我（即神学家所说的“老亚当”）感情冲动地冒了出来，苏醒了，却依然迟钝，就像一个使劲儿想摆脱麻醉状态醒来的人，他的四肢和思想还不肯完全听他的。

几天来，当我夹着一叠文件从办公室走回家时，我的情况就是这样。这儿回荡着春天的先声，太阳暖融融地照着，空气中飘着一股芬芳，看来什么地方一定已有榛子花开放。刚才在电车中，我的全部思想还集中在我的战俘问题上，再就是考虑着吃完饭后要写一批信和建议。现在，当我离开了城市，朝我的乡间住处走去时，我的思想突然离开了战俘，离开了书报检查，离开了纸张贫乏、出口担忧和货款。出乎意外的是，又是那么一个世界在看着我，它就像没有我们的忧愁时那个样子。一群黑色的、肥硕的乌鸦在光秃秃的灌木丛上掠过，地主庄园前的菩提树树冠在呼吸着，蔚蓝色的、抹着白色线条的，春意盎然的天空中画出它们精美的网络，原野边缘上不时闪烁着嫩绿。我忘却了腋下的文件夹中和脑袋中装着的一切。这段路我走了一刻钟，在这一刻钟内，我不是生活在我们称之为“真实”的东西之中，而是在名副其实的、货真价实的、美丽的、我们心灵里的真实之中。像孩子们和情人们以及诗人们通常做的那样——我激动地跟着彩色的梦幻随波逐流而去。

我漫不经心地看着心中之所愿之所梦，出现的纯粹是些旧的事物，而我觉得这一切完全是新的，是今天的。呈现在我眼前的是一种纯洁的、无辜的、无瑕的利己主义，完全是一个由利己的、不讲伦理、不符合社会需要的愿望和未来形象构成的自满自足的世界。没有战争与和平的踪迹，没有战俘交换，没有未来艺术、未来社会、未来学校。这一切都不是扎根在深层，而只是浮在表面上。当我的老亚当那时毫不遮掩地显示自身时，他是个孩子，他所有的愿望都为他自己，为他那小我的舒适存在。

我做着奇妙的梦。我梦见，和平降临了，我们全部获释，各奔前程，阳光灿烂，我现在完全可以去做想做的事了。

我在梦中经历了三个回合。先是躺在海滩上，枕着黄沙，双足浸在水中。没过多久，场面变了。我衣冠楚楚，一本正经地坐在阴凉的、面向花园的房间中。在窗上嬉弄着的树影透窗而入。我坐着，捧着一本书，完全沉浸在书中。梦的世界又一次推移了。我在一座葡萄园南侧山谷中一道低矮的墙边，坐在一把折椅上，好像从来就是如此。膝上搁着一块画板，左手拿着轻巧的调色板，右手捏着油画笔。我的旅游手杖插在身旁松软的土中，我的背包敞着口放在地上，看得见里面那些挤扁了的小颜料管。我掏出一管，拧下小帽，喜滋滋地把一点极美、极纯的钴蓝挤在调色板上，然后加上白色，再加上一点精美的翠绿，用来描绘傍晚的空气，最后吝啬地滴上少许茜素红漆。我长时间地凝视前方，望着遥远的群山和飘散着金褐色烟的云层，把群青与红色调和，为了表现细腻而屏住了呼吸，因为这一切都必须画得极柔，极轻，极飘。经过短暂的犹豫，我的笔迅速、圆转地把一条明亮的云勾成了蓝色，它的影子是灰色的和紫色的，而那绿色的近景地面和枝繁叶茂的栗树现在开始同远处低调的红色和蓝色交相辉映，各种颜色的亲近、倾慕、吸引和敌对全部喧腾起来。没多久，我身心中的全部生命都汇聚在膝头的画板上，而一切世界对我和我对世界要说的，要做的，要承认的，要请求原谅的，都静静地、热烈地表现在白色和蓝色中，在愉快勇敢的黄色和甘美恬静的绿色中。而我感觉到，这就是生活！这是我加入这个世界的成分，是我的幸福，我的负荷。这里是我的家园。这里盛开着我的乐趣之花，在这里我是国王，在这里我怀着欣喜，镇定自若地向那整个极受尊崇的世界背过脸去。

一个阴影落在我小小的憧憬图像上，我抬起头来，我的住房已经到了，我的梦就此消失。

读书之乐

［法］阿兰

作者简介

阿兰(1868—1951)，法国哲学家、教育家、散文家。他的作品文字犀利、形象鲜明。一生著作很多，涉列极广。在历史、哲学、经济、教育等方面都有著作。他认为人的思想的大敌，一是热情，热情是感觉的混乱；二是想象，想象是思想的游移。思想要镌刻在一种顽强不驯的材料上，造成雕像，谱成乐章，写成诗篇或文章。他的代表作有《艺术体形》《思维年龄》《诗巴尔扎克》等。

内容简介

这是一篇关于读书的散文。作者认为，最便于我们常读书的方式就是将书放在手边，触手可及的地方。读一本书，重要的不是咬文嚼字，而是能够预判与衔接书中的情感脉络和逻辑链条。

名篇节选

读书与做梦的不同之处在哪里呢？有时候我们感觉做梦是愉快的，于是几乎就不去读书。而当做梦的可能性被某种原因破坏时，读书便成了补救的良药。当年，我的父亲由于债务累累，心中烦闷，于是便一头钻进书堆里以寻求解脱，嗜书如命几乎到了废寝忘食的地步。他的行为使我受到了感染，这“感染”如今看来使得我比那些一味苦学的书呆子们有出息得多。对我来说，如果我有意想学些什么，那一定是什么也学不进去的。即便是数学题，也只有等我像读小说一样漫不经心地去理会它的时候，才能悟出其中的名堂。总之，读是最重要的。

不过，像这样懒洋洋地读书必须有充足的时间，而且手头也得有书才行。我所谓“手头有书”是说那书的位置一定要近在咫尺，如果隔了两米远，我也就不会想起去读它了。所以也难怪图书馆对我毫无裨益，它毕竟不属于我呀！于是我拼命通读手头的书，而且做了不少笔记，尽管事后从不去翻检。

过去我一向不知世界上还有梅恩·德·比兰，直到有一天一位相识将他的全集抱来放在我的案头，我这才晓得梅恩·德·比兰是何许人。而且，说句实话，我发现读他的书真好比啜饮琼浆玉液，百读不厌。

什么叫读书呢？读书就是一行一行地读书上的字。当然也还要约略琢磨一下整体，也就是一页当中的内容。这不是我个人的经验。我发现有不少读者跟我一样，读前一页的时候总要附带地偷眼看一看下一页讲的什么，甚至也顺便浏览一下后边的情节，好像饥饿的乞丐觊觎一块馅儿饼。我想大概可以这样断言——不过也许为时过早——读者的想象力恰似笼中之鸟，永远无法摆脱书中字词以及作品原义的束缚。当然，熟练的读者用不着咬文嚼字。

我读书就好像骑一匹马，时而纵马狂奔，时而拨马回头，不敢神驰遐想，唯恐偏离作者指出的道路。有趣的是，我仅以这种方式去读体面的出版物，也就是书籍。至于日记之类，我以为价值不大，不必认真去读。手稿就更不必说，它总使人觉得不可靠，因为它只不过是书的雏形而已，可以随意增删改动。一本书的分量就不同了，特别是巴尔扎克的小说就更不允许你去怀疑。甚至可以说，巴尔扎克写书的目的就是为了禁锢你的想象力。真的，读他的书谁也不用胡思乱想，为所欲为，只有规规矩矩，按他的路子走，这便是优秀叙述体小说的风格：作者预设圈套让读者去钻。巴尔扎克历来如此。这就是为什么反复阅读比只读一遍收获更大的原因。

我还注意到，一首好诗的艺术魅力是永存的，不会使你熟而生厌，只有这样的诗才是真正的诗。可以这样说，一切时间艺术的魅力正是来源于读者的预知。当我们读一本小说时，总觉得后头的情节最牵扯我们的兴趣。不过，我们也懂得如何克制自己，大概具体的方式就是聚精会神于眼下正在进行的情节吧。而且像这样吊一吊胃口未尝不是一件有趣的事。孩子们做游戏时不是经常要藏起来，然后吓唬对方，而对方也会真的感到害怕吗？读小说也是如此。

另外，你熟悉翻动书页时所发出的声音吗？如果你无法从中辨析出命运的颤音和结局的征兆，这说明你还不是真正的读书人。要知道，一场音乐会、一场戏或一段朗诵是不能任意中断的，但作为读者却有这个自由。只不过读者往往不是利用这种自由去回味读过的内容，或臆测未来的情节，而是中断小说情节的发展，以腾出时间来咀嚼自己的人生经历。我就有这样的感觉，每当我重新回到作品中来的时候，总是要略微复习一遍前面的内容，仿佛想要再度积蓄起自己的兴致。如果不这样做就会觉得若有所失，觉得失掉了前面的内容。的确，优秀小说是不容许随意抽取片断的，不论手段多么巧妙，即便是配以分析也总不能被人接受，不是吗？优秀小说本身就杜绝了任何形式的简化或综述。相反，劣等小说却恰恰像被阉割过似的，只剩下事件和线索的罗列，一切似乎是为了向读者解释，唯恐读者理解不了下文。

其实，我读书的目的倒并不是为了理解，而是为了追索。要想追索，光凭精神准备还是不够的。我发现侦探小说的情节总是发展飞快，然而这类小说的迷人之处并不单单在于它的神秘性。我的理由是，倘若写得好，人们同样愿意反复阅读。《一桩无头公案》就是一本这样的书。

似乎可以说，小说遵循的原则之一就是时间原则。要知道，应当发生的事不必顷刻间就发生。“您的第一个欲望是平庸的，”那位老商人道，“我可以使它变成现实。不过，我还是先省了这道麻烦，以便为您今后生活中的事操心吧。”这位老商贩俨然像一尊隔岸观火的神，任事态平淡无奇地发展，就像拉斐尔每次遇到他的三个朋友必然同去吃夜宵一样，毫无例外，毫无变化。不过，这些琐事看似平淡，却正代表了生活中严肃的一面。巴尔扎克的思想永远是那样正确，实在令人为之折服。这也正是他的天才在创作中的体现，他善于将平凡的生活真实地反映出来。不过，说到这儿，我们又不期而然地遇到了另一个十分棘手的问题，这个问题，我看放到以后再讨论吧。

鲁滨孙漂流记（节选）

[英] 笛福

作者简介

丹尼尔·笛福(1660—1731),英国作家,被誉为欧洲的“小说之父”“英国小说之父”和“英国报纸之父”等，是英国启蒙时期现实主义小说的奠基人之一。他的作品引人入胜，不能释卷。篇幅倡导个人奋斗，这在他的代表作《鲁滨孙漂流记》《杰克上校》中都有明显体现。

内容简介

本书的主人公鲁滨孙·克鲁索出生于一个中产阶级家庭，他一生志在遨游四海。一次在去非洲航海的途中遇到风暴，只身漂流到一个无人的荒岛上，开始了一段与世隔绝的生活。面对绝境，他打起精神，凭着强韧的意志与不懈的努力，把荒岛变成了可以生存的“家园”。他成了荒岛的“主人”，甚至还救了一个野人，取名“星期五”。经过 28 年 2 个月零 19 天后，他和“星期五”返回故乡。

名篇节选

我怀着这种感恩的心情，度过了我在岛上的最后几年。在我和星期五相处的三年中，因为有许多时间同他谈话，日子过得完满幸福，如果在尘世生活中真有“完满幸福”的话。这野人现在已成了一个虔诚的基督徒，甚至比我自己还要虔诚。

当然，我完全有理由希望，并为此我要感谢上帝，我们两人都能成为真正悔罪的人，并从悔罪中得到安慰，彻底洗心革面，改过自新。在这里，我们有《圣经》可读，这就意味着我们离圣灵不远，可以获得他的教导，就像在英国一样。

我和星期五成了好朋友，我说的话，他几乎都能听懂。他自己的英语尽管说得不太地道，但已能相当流利地与我交谈了。这时，我就把自己的身世告诉了他，特别是我怎样流落到这小岛上来，怎样在这儿生活，在这儿已多少年了，等等。我又把火药和子弹的秘密告诉了他，因为，在他看来，这确实是个秘密，并教会了他开枪。我还给了他一把刀，对此他高兴极了。我又替他做了一条皮带，皮带上挂了一个佩刀的搭环，就像在英国我们用来佩刀的那种搭环。不过，在搭环上，我没有让他佩腰刀，而是给他佩了把斧头，因为斧头不仅在战斗时可以派用场，而且在平时用处更多。

我把欧洲的情况，特别是我的故乡英国的情况，说给他听，告诉他我们是怎样生活的，我们怎样崇拜上帝，人与人之间又怎样相处，以及怎样乘船到世界各地做生意。我又把我所乘的那条船出事的经过告诉他，并指给他看沉船的大致地方。至于那条船，早已给风浪打得粉碎，现在连影子都没有了。

我又把那只小艇的残骸指给他看，也就是我们逃命时翻掉的那只救生艇。我曾经竭尽全力想把它推到海里去，但怎么使劲小艇都分毫不动。现在，这小艇也已差不多烂成碎片了。星期五看到那只小艇，站在那里出神了好一会儿，一句话也不说。我问他在想些什么。他说，“我看到过这样的小船到过我们的地方。”我好半天都不明白他的意思。最后，经过详细追问，我才明白他的意思：曾经有一只小艇，同这只一模一样，在他们住的地方靠岸，而且，据他说，小艇是给风浪冲过去的。由此，我马上联想到，这一定是一只欧洲的商船在他们海岸附近的海面上失事了，那小艇是被风浪打离了大船，漂到他们海岸上。当时，我的头脑真是迟钝极了，我怎么也没有想到有人也许从失事的船只上乘小艇逃生，到了他们那边。至于那是些什么人，我当然更是想都没有想过。因此，我只是要星期五把那只小艇的样子详详细细地给我描绘一番。

星期五把小艇的情况说得很清楚。后来，他又很起劲儿地补充说：“我们又从水里救出了一些白人。”这才使我进一步了解了他的意思。我马上问他小艇上有没有白人。他说：“有，满满一船，都是白人。”我问他有多少白人，他用手指头扳着告诉我，一共有十七个。我又问他们现在的下落。他回答说：“他们都活着，他们就住在我们的部落里。”他的话马上使我产生了新的联想。我想，那些白人一定是我上次在岛上看到出事的那条大船上的船员。他们在大船触礁后，知道船早晚会沉没，就上小艇逃生了。他们到了野人聚居的蛮荒的海岸上了岸。

因此，我更进一步仔仔细细地打听了那些白人的下落。星期五再三告诉我，他们现在仍住在那里，已经住了四年了。野人们不去打扰他们，还供给他们粮食吃。我问他，他们为什么不把那些白人杀了吃掉呢？星期五说：“不，我们和他们成了兄弟。”对此，我的理解是，他们之间有一个休战协议。接着，他又补充说：“他们只是打仗时吃人，平时是不吃人的。”这就是说，他们只吃战争中所抓到的俘虏，平时一般是不吃人的。

在我对他的疑惧没有消除之前，我每天都要试探他，希望他无意中会暴露出自己的思想，以证实我对他的怀疑。可是我却发现，他说的每一句话都那么诚实无瑕，实在找不出任何可以让我疑心的东西。因此，尽管我心里很不踏实，他还是赢得了我的信任。在此期间，他一点也没有看出我对他的怀疑，我也没有根据疑心他是在装假。

有一天，我们又走上了那座小山。但这一次海上雾蒙蒙的，根本看不见大陆。我对星期五说：“星期五，你不想回到自己的家乡，回到自己的部族去吗？”他说：“是的，我很想回到自己的部族去。”我说：“你回去打算做什么呢？你要重新过野蛮生活，再吃人肉，像从前那样做个食人生番吗？”他脸上马上显出郑重其事的样子，拼命摇着头，说：“不，不，星期五要告诉他们做好人，告诉他们要祈祷上帝，告诉他们要吃谷物面包，吃牛羊肉，喝牛羊奶，不要再吃人肉。”我说：“那他们就会杀死你。”他一听这话，脸上显出很庄重的神色，说：“不，他们不会杀我。他们爱学习。”他的意思是说，他们愿意学习。接着，他又补充说他们已经从小艇上来的那些有胡子的人那儿学了不少新东西。然后，我又问他是否想回去。他笑着对我说，他不能游那么远。我告诉他，我可以给他做条独木舟。他说，如果我愿意跟他去，他就去。“我去？”我说，“我去了他们不就把我吃掉了？”“不会的，不会的，”他说，“我叫他们不吃你。我叫他们爱你，非常非常爱你！”他的意思是说，他会告诉他们我怎样杀死了他的敌人，救了他的命。所以，他会使他们爱我。接着，他又竭力描绘他们对待那十七个白人怎么怎么好。那些白人是在船只遇难后上岸到他们那儿的，他叫他们“有胡子的人”。

从这时起，我得承认，我很想冒险渡海过去，看看能否与那些有胡子的人会合。我毫不怀疑，那些人不是西班牙人，就是葡萄牙人。我也毫不怀疑，一旦我能与他们会合，就能设法从这儿逃走。因为，一方面，我们在大陆上；另一方面，我们成群结伙，人多势众。这要比我一个人孤立无援，从离大陆四十海里的小岛上逃出去容易多了。所以，过了几天之后，我又带星期五外出工作，谈话中我对他说，我将给他一条船，可以让他回到自己的部族那儿去。为此，我把他带到小岛另一头存放小船的地方。我一直把船沉在水底下，所以，到了那儿，我先把船里的水排干，再让船从水里浮上来给他看，并和他一起坐了上去。

我发觉他是一个驾船的能手，可以把船划得比我快一倍。我对他说，我们可以动手造一条跟这一样大的船，让他坐着回家。他一句话也没有说，脸上显出很庄重、很难过的样子。我问他这是怎么回事。他反问我道："你为什么生星期五的气？我做错了什么事？"我问他这么说是什么意思，并告诉他，我根本没有生他的气。"没有生气！没有生气！"他把这句话说了一遍又一遍，"没有生气为什么要把星期五打发回家？"我说："星期五，你不是说你想回去吗？""是的，是的，"他说，"我想我们两个人都去，而不是星期五去，主人不去。"总而言之，没有我，他是绝不想回去的。我说，"星期五，我去那儿有什么事好做呢？"他马上回答说："你可以做很多、很多的好事。你可以教我们这些野人，使他们成为善良的人，有头脑的人，和气的人。你可以教他们认识上帝，祈祷上帝，使他们过一种新的生活。""唉，星期五，"我说，"你不知道你在说些什么啊？我自己也是一个无知的人啊！""你行，你行，"他说，"你能把我教好，也就能把他们大家都教好。""不行，不行，星期五，"我说，"你一个人去吧，让我一个人留在这儿，仍像以前一样过日子吧。"他听了我的话，又给弄糊涂了。他登时跑去把他日常佩带的那把斧头取来交给我。

“你给我斧头干什么？”我问他。“拿着它，杀了星期五吧！”他说。“我为什么要杀星期五呢？”我又说。他马上回答说：“你为什么要赶走星期五呢？拿斧头杀了星期五吧，不要赶他走。”他说这几句话的时候，态度十分诚恳，眼睛里噙着眼泪，简言之，我一眼就看出，他对我真是一片真情，不改初衷。因此，我当时就对他说，只要他愿意跟我在一起，我再也不打发他走了。这话我后来还经常反反复复对他说了无数次。

总之，从他全部的谈话看来，他对我的情意是坚定不移的，他绝对不愿离开我。但是，我心里一直有一种强烈的愿望，希望我能从这儿逃走。这种愿望的根据，就是从他的谈话里得知那边有十七个有胡子的人。因此我马上就跟星期五一起，去找一棵可以砍伐的大树，拿它造条大一点儿的独木舟，以便驾着它到对面的大陆上去。这岛上到处是树木，足够用来造一支小小的船队，而且不仅仅是造一支独木舟的船队，而是可以造一支大船的船队。但我的主要目的是要找一棵靠近水边的树。这样，造好之后就可以下水，避免我上次犯的错误了。

最后，星期五终于找到了一棵。用什么木料造船，他要比我内行得多。直到今天，我还说不上我们砍下来的那棵树叫什么名字，只知道样子像热带美洲的黄金木，或者是介于黄金木和中南美的红杉之间的树。那种红杉又称巴西木，因为这树的颜色和体味都与这两种树相似。星期五打算用火把这棵树烧空，造成一只独木舟，但我教他用工具来凿空。我把工具的使用方法告诉他之后，他立即很机灵地使用起来了。经过一个月左右的辛勤劳动，我们终于把船造好了，而且造得很好看。我教星期五怎样使用斧头后，我俩用斧头把独木舟的外壳砍削得完全像一条正规的小船。这以后，我们差不多又花了两星期的工夫，用大转木一寸一寸地推到水里去。一旦小船下水，我们发现它载上二十个人也绰绰有余。

春夏秋冬

［黎巴嫩］纪伯伦

作者简介

纪·哈·纪伯伦（1883—1931），黎巴嫩作家、诗人、画家，是阿拉伯文学的主要奠基人，二十世纪阿拉伯新文学道路的开拓者之一，被称为艺术天才、黎巴嫩文坛骄子。其主要作品有《泪与笑》《先知》等。

内容简介

《春夏秋冬》是作者纪伯伦的组诗作品。纪伯伦的文笔轻柔、淡雅、想象力丰富。在描写四季的诗句中，我们感觉仿佛睡在了不断变化的大自然中，静谧而优雅。

名篇节选

春

来呀，亲爱的！让我们到荒野去！冰雪已经消融，生命从梦乡苏醒，走呀！让我们去追寻春天在辽阔的田野上留下的踪迹；上呀！让我们登上高山，放眼眺望四周那如海似涛的翠微。

啊！冬之夜叠好、收起的衣裳，如今春之晨又将它铺展开来。于是桃树、苹果树打扮得如同“盖得尔夜”的新娘；葡萄树醒来了，枝藤扭结好似情人紧紧拥抱在一起；溪流在岩石间边跳着舞，边哼着欢乐的歌，通深流去；百花从大自然的心中绽开，如同从大海中涌出的浪花朵朵。

来！让我们从水仙花的酒杯中喝干残存的雨的泪水；让我们倾听小鸟的欢歌，心旷神怡；让我们呼吸那春风的芳菲，如醉如痴。

让我们坐在那藏匿着紫罗兰的岩石下，在爱恋中亲吻。

夏

快，亲爱的！让我们到田野去！收获的季节到了！大自然在太阳的仁爱的光芒普照下，庄稼已经成熟了。快来呀！莫让鸟儿和蚂蚁趁我们疲劳的时机赶在了前头，把我们地里的粮食全搬走。快走呀！让我们采撷大地上的果实，如同精神采撷爱情在我们心中播下的忠诚的种子所结出的幸福之果；让我们用田里的产品装满库房，如同生活充实了我们感情的谷仓。

来呀，我的情侣！让我们盖着蓝天，铺着草地，头枕一捆松软的干草，在一天劳累之后，躺下来休息，听着月下谷地的小溪在温湿细语。

秋

亲爱的，让我们到葡萄园去！把葡萄榨成汁，好似把世世代代的智慧和哲理收藏在心窝里。让我们采集干果，提取花的香液，即使花果消亡，亦可芳泽人世……

让我们回到自己的住处，因为树叶已经变黄，风卷枯叶飘落四方，好像要用它们为凋零的百花盖上尸衣。那些花是在送别夏天时，悲伤得郁郁而死的。走吧！群鸟已向海岸飞去，它们带走了园林中的生气，只给素馨和野菊留下一片孤寂，于是它们把未尽的泪水洒落在地。

我们回去吧！小溪已不再歌唱，泉眼已流干了它欢乐的泪，山丘也脱下了它的艳服盛装。走吧，亲爱的！大自然已经唱了一首悲壮、动人的歌曲，为清醒送行！

冬

靠近我，我终身的伴侣！莫让冰雪的气息把我们的身体隔开。请坐在我身边，在这火炉前！火是寒冬美味的水果。同我谈谈子孙后代的前景！因为我的两耳已经听腻了风的叹息和种种悲鸣。把门窗全都关紧！因为见到天气的怒容，会让我伤感、悲痛，看到城市像失去儿子的母亲坐在冰天雪地中，会令我愁肠百结，忧心忡忡。老伴儿，给灯添些油吧！它几乎要熄灭了。把灯移到你跟前！让我看着漫漫长夜在你脸上刻画下的阴影。拿酒来，让我们边斟边饮边回忆那逝去的青春。

靠近我，靠近我些，亲爱的！火已经熄了，灰烬几乎把它盖了起来。拥抱我吧！灯已经灭了，周围是一片漆黑。啊！陈年老酒使我们眼皮沉重。再瞧瞧我！趁着睡魔还没将我搂紧之前。吻吻我吧！冰雪已经战胜了一切，唯有你的吻还是那样温暖、热烈。啊，亲爱的！安眠的海是多么深沉！啊，明晨又是多么遥远……在这世界上！

修建中国长城的时候（节选）

[奥地利]卡夫卡

作者简介

弗兰兹·卡夫卡（1183—1924），奥地利小说家，是西方现代主义文学的先驱者。卡夫卡的小说充满不确定性，他的小说往往没有起始，没有结尾，没有具体的时间和地点，让读者一时难以看懂。作品的基本主题是当时社会中人的异化和孤独，如代表作《变形记》《审判》《城堡》等。

内容简介

《修建中国长城的时候》可分为两大部分，前一部分关于如何修筑万里长城（分段而筑）与为什么修建万里长城（防御外族），后一部分关于修筑万里长城的机构。在卡夫卡的想象中，长城只是一种传说，修筑长城的真正意义是组织建设，使庞大的帝国有机地运作起来。描述修筑万里长城的意义也不在长城本身，而在那个修筑长城的神秘遥远的帝国，帝国是一个庞然怪物，只有在它运作起来的时候，才能展现它荒诞惊人的神秘。

名篇节选

中国长城是在其最靠北的地方竣工的。此项工程分别由东南和西南开始，最后交会在这里。在东西两路筑墙大军中，又在更小的范围里实行这种分段修筑的方法，于是修筑城墙的人就被分成一个个二十人左右的小队，每个小队负责修筑五百米，然后相邻的小队再朝他们修筑同样长的一段。可是当这两段连通之后，却并没有接着这一千米的头继续往下修，更确切地说，这两个小队又被派往完全不同的地区去修筑长城。采用这种方法自然就产生了许多大豁口，它们是逐步缓慢地填补起来的，有些甚至到长城宣布竣工之后才填补上。是的，据说有些豁口根本未被堵上，虽然这是一种大概只能在围绕这项工程而产生的众多传说中见到的看法，但由于这项工程规模太大，靠自己的眼睛和自己的标准是无法核实这些传说的，至少单个的人做不到。

起初人们认为，无论从哪种意义上说，连起来修，至少两大部分各自连起来修更为有利。谁都知道，修筑长城是出于抵御北方诸族的考虑。然而一道未连起来修筑的长城如何进行抵御？不能。一道这样的长城不仅无法抵御，而且建筑本身也总是处在危机之中。处在荒凉地区无人看管的一段段墙容易遭受游牧民族的一再破坏，由于修筑长城使他们受了惊吓，像蝗虫似的飞快地变换着居住地，因此他们大概比我们修筑者更能了解整体的情况。尽管如此，这项工程的实施大概却只能采用这种实际的方法。若要理解这些必须这样考虑：此长城应当成为几个世纪的屏障。绝对认真地修筑，利用各朝各代和各个民族的建筑智慧、修筑者持之以恒的个人责任感，这些都是修造长城必不可少的先决条件。

我很幸运，当我二十岁完成了初等学校的最高级考试时，正好赶上长城开工。我说幸运，那是因为有许多人早已完成他们所能享受的学业，但多年没有用武之地。胸藏宏伟的建筑构想，但却徒劳地四处奔波。不过那些终于作为工程领导者——尽管属于最低等级——来从事这项工程的人，事实上是堪当此任的。他们是对这项工程进行过许多思考，自打第一块基石埋入土中，他们就感到已与这项工程融为一体。当然，除了渴望能够从事最基础的工作，驱使这些泥瓦匠人的，还有迫不及待地想看到工程终于完美无瑕地竣工。民夫可没有这种心情，驱使他们的只有工钱。至于高层领导者，甚至中层领导者，为了保持精神方面的强大，他们讨厌工程多方展开。然而对那些地位较低、才智未尽其用的人，则必须采取别的措施，例如不能让他们一连数月，甚至数年在离家千里的荒山野岭一块又一块地砌墙砖，这种辛勤的劳动可能干一辈子也没什么结果，若对它失望就会使他们丧失信心，最重要的是会使他们在工作中愈加失去作用。因此人们选择了分段修筑的方法。一座座石山被敲成了城砖，在各个圣地还能听到虔诚的人们祈求工程竣工的歌声。这一切都缓和了他们焦急的心情。在家乡过了一段平静的生活，他们变得更加健壮。他们像永远怀着希望的孩子一样辞别了家乡，只求为民族大业尽心尽力。

长城该用来防御谁？防御北方诸族。我来自中国东南部。没有一个北方民族能对我们构成威胁。关于他们，我们都是在古人写的书中读到的，他们出于本性犯下的暴行害得我们在宁静的亭子里长吁短叹。在艺术家的一幅幅写实画里，我们看到了那些该罚入地狱的面孔，咧开的嘴巴，插着尖牙利齿的下巴，闭拢的眼睛，似乎特别眼馋将被嘴巴咬碎嚼烂的猎物。如果小孩子调皮捣蛋，只要把这些画拿给他们一看，他们就会哭着扑过来搂住我们的脖子。关于这些北方国家，我们知道的也就这么多。我们从未见过他们，待在自己的村子里，我们永远也见不到他们，即使他们跨上烈马笔直地朝我们奔来——国土太大了——他们也到不了我们这里，他们将永远留在空中。

既然如此，我们为何要离开家乡，离开这条河、这些桥，离开父母，离开啼哭的妻子和急待教诲的孩子，前往遥远的城市求学？我们为何还要想着北方的长城？为什么？去问问领导集团。他们了解我们。总在考虑忧心的大事的领导集团知道我们的事，清楚我们这小小的手艺，他们知道我们全坐在低矮的棚屋里。如果允许我这样想领导集团的话，那我就得说，按照我的观点，这个领导集团早就存在，但却不碰头，大概是受凌晨一个美梦的刺激，朝臣们急急忙忙召开了一次会议，急急忙忙作出决定，到晚上就叫人击鼓将百姓从床上召集起来解释种种决定，尽管那无非就是为了办一次祭神灯会，那神昨天曾向这些先生显示过吉兆，可到第二天街灯刚刚熄灭，他们就在一个昏暗的角落里被痛打了一顿。其实这个领导集团可能一直存在着，修筑长城的决定也一样。无辜的皇上以为是他下诏修筑的长城。我们修过长城的人知道不是那么回事，我们沉默着。

从修筑长城一直到今天，我几乎一直单攻比较世界史——有些问题只有这种方法才能在一定程度上触到它们的神经——我在研究中发现，我们中国人对某些民众和国家的机构无比清楚，而对其他机构又无比模糊。探寻这些原因，尤其是探寻后一现象曾一直吸引着我，如今也一直吸引着我，而这些问题就涉及到长城的修筑。

至少皇室就属于我们最不清楚的机构之一。当然在北京，或者说在宫庭侍臣中，对它还清楚一点，虽然这种清楚虚假大于真实。就连高等学府的国家法教师和历史教师也装作对这些事了如指掌，装作能将了解的情况介绍给大学生。学校的等级越低，对自己的知识当然就越不疑心，而浅薄的教育则围着少数几个数百年一成不变的定理掀起铺天盖地的巨浪，它们虽然不失为永恒的真理，但在这种云天雾海中恐怕永远也分辨不出来。

不过根据我的看法，关于皇室的问题该去问问百姓，因为百姓是皇室最终的支柱。当然在这里我又是只能说说我的故乡。除了各位农神以及全年对他们丰富多彩、非常出色的祭祀活动，我们脑子里装的只有皇上，但不是当朝皇上。其实，如果我们了解当朝皇上，或是知道他某些具体的情况,我们脑子里就会装着他。当然我们总想得知这方面的什么事，这是我们仅有的好奇心，然而说起来是那么离奇，要了解到什么几乎是不可能的，在游历众多的朝圣者那里了解不到，从远远近近的村子里了解不到，在不仅在我们的小河里行过船、而且闯过大江大河的船夫那里也了解不到。虽然听到的很多，但从中什么也推断不出。

星辰

[智利]米斯特拉尔

作者简介

加夫列拉·米斯特拉尔（1889—1957），智利女诗人。她自幼生活清苦，未曾进过学校，她得到知识的渠道是靠做小学老师的姐姐和自学。她14岁开始写诗，她的诗句里饱含内心的激情。1945年，她获得了诺贝尔文学奖，成为拉丁美洲第一位获得该奖的诗人。她的代表作有《死叶四行诗》《绝望》等。

内容简介

本文是作者对于星辰的歌颂。天空就像一个能工巧匠，让我们的衣食、幻想等一切美好的生活元素得以附丽。

名篇节选

我们无比热爱大地，因为她的任何部分都是美丽的，而且她的美丽多姿多彩，尤其因为她是我们的祖国，我们在大地上行走，我们把她耕耘、翻动。她是我们感官的一个部分，因为她是我们看得见、听得见和触摸得到的东西，而她也听得见我们的声音，感受得到我们的存在。

白天充满阳光、夜晚繁星无数的天空，尽管不是我们的创造物，却比大地更瑰丽多姿。

我们觉得我们看到的繁星很多，其实不然，因为不超过两千颗。凑近望远镜看一看，天空此时才真的天体密布、光焰耀目。面对这样的天宇，人类的视线无能为力，似乎万能的想象力也无济于事。

我们的眼睛是多么不幸，它们只能这样认识天上的星斗：把两颗、三颗甚至更多的星斗看成了一颗，它们的光华在我们的眼前聚成一道。

在借助望远镜之前，古人就是用微弱的视线了解了许多关于星斗的知识，而我们的祖先了解得更多：墨西哥的阿兹特克人经过对天体的研究，获取了时间的计算方法，几乎完美地确定了一年的天数。

尽管我们觉得自古以来太空毫无变化，像一个没有新鲜事物的国度，天文学家却终生注视着它，度过了漫漫长夜和白昼，发现了那些突然出现的星体：不知道它们来自何方，随着它们的移近，光亮越来越强，后来又变弱，离我们远去，没有再露面。

我们知道彗星的人，却不知道它们对地球的造访。那些见过陨石坠落的人——巨大的陨石如同圆形火攻船，距地球相当近，我们的大地留下它作人质——他们知道天空变幻莫测，充满了陌生的客人、万载永驻的星体和我们似懂非懂的诞生和死亡。

古代人民喜欢注意某些星座，比如昂星团。墨西哥古人聚在一起，等待半夜的到来，那时他们能指出太阳从南至日到北至日的路线。

后来，他们房舍的大火被扑灭了，他们扑向太阳庙，在那里向神灵祭献了一个挑选出来的物品和其他物品，青年人是每天献给太阳神的牺牲品。太阳到达南至日时，青年人死了，人们将他顺着金字塔滚下去，好在至日结束时，看到太阳沉落的情形。

克丘亚人的居住地在秘鲁，那里的天文学非常发达。他们崇拜使大地非我的天体；他们崇拜月亮，因为它是夜晚的主宰；他们崇拜每一个星座。

人们感激天空对我们地球的影响，天空就像工匠，它制造白昼，让我们看清世界，并开发大地为我们提供粮食。同样，它让我们的睡眠和梦幻的工作也得以运行。

林中水滴（节选）

[苏联]普里什文

作者简介

普里什文（1873—1954），苏联作家，被誉为“伟大的牧神”“完整的大艺术家”“世界生态文学和大自然文学的先驱”“俄罗斯语言百草”。他的作品富有民间文学的特色，用细腻生动的笔法描写自然和人文风光，描写人们本初的生活和习惯。所以，他既是民间故事的大师，又是自然描写的高手，还是位儿童文学作家。

内容简介

《林中水滴》是一部日记体小说，是普里什文创作成就的高峰之一，它把我们带进了一个森林的王国，鲜明生动地展示出这个王国的美丽和丰富，文字清丽流畅，意境隽永，蕴含着一种音乐的韵律。

名篇节选

一　月

春天的道路

昨日艳阳高照，春天终于开始了。在和煦的阳光关爱下，道路也变得温暖起来。汽车从上面开过，车辙折射出晶莹的光亮。漫步在雪地上，不时地发出吱吱的响声，拐杖不时地敲打在地面上，发出刺耳的尖叫声。车辙经过的路面上，出现了斑驳的光点。突然，脚下的毡底鞋一打滑儿，就这样，光的春天开始行走了。

小　伞

公路上的车辆往来如梭，总妨碍我步行。我跨过路边的壕沟，沿着雪地，向森林的方向笔直走去。原野和森林之间有一片空地，空地上铺满了小草丘和灌木。一个干枯了的伞状植物耸立在草丘中。在每朵小伞中央的莲花花蕊中，总落有一团白雪。一只光彩夺目的五彩金丝雀，停在其中的一团白雪上面，它的身形与白雪融为了一体，且恰好够它弯下头啄食花蕊里的种子。每当金丝雀啄出一粒种子的同时，就会带出十颗种子，暗暗的种子随着风儿，飘落在洁白的雪地上。

那些掉在地上的种子，并没有让金丝雀感到惋惜。花蕊多的是，这个空了，金丝雀就飞到另一个花蕊上，种子也随之散落在地上。散落在雪地上的种子，并非一无是处，它们一部分会成为山雀的美食，一部分则是被雪掩埋。等到来年春潮涌动时，它们会被带到其他地方，四散开来生根发芽。

二　月

最后的严寒

伴着奉献节的到来，最后的寒冷也马上就要光临，在这个时候偶尔也会出现回暖的天气，害得鸟雀常常认为春天已经来了。松鸡纵情高歌，开始在开春前寻找它的伴侣。

树枝上的雪

像星星一样棱角分明的小晶体，悄悄地从天而降，就好像下了一场非常安静的火花雨一样，使我们身旁的空气也闪烁不停。雪花自然地飘落到枝丫上，自上而下，给树木穿上了一层薄薄的闪光的新衣，使每一个冬日里含苞待放的新芽，在新衣的衬托下熠熠生辉。

三　月

春天提前到了

与那些生活相对平静的久远年代相比，现代人感觉春天到来的时间早多了。

在那个时代的二月，城里人没有谁会提及春天。可如今，你从四面八方都能感受到春天的气息。

散　步

白天阳光明媚，清晨泛着一片淡蓝的微光。到了晚上，悄悄流淌着的溪水显得怯生生的，清晨和夜晚相互缠绕在一起，萦绕着枯涩的房顶。

一面没抹灰的砖墙，硬生生地将不远处的高楼与街道隔开。这面墙上有很多小洞洞，有的是自然形成的，有的则是砖块掉出来形成的。在不经意间，那里已经成为麻雀的家，热闹的小麻雀，正在叽叽喳喳地叫着，用自己的方式迎接着春天的到来。

可是，这些一直喜气洋洋鸣叫的麻雀，并不是人类特意制造的闹钟，而是自发地为光的春天的到来报时。行色匆匆的人群，从这里经过的时候，有的人会看一看手表上的时间，之后加快脚步离开；还有一部分人，在听到了这春天的闹钟时，停下了脚步，面带笑容地在墙上寻找着，直到发现那声音的主人，登时精神焕发，抬头看看周边的光与影，满脸喜色。

屋顶滴水

路过铁匠桥的时候，突然有什么东西掉在了我的鼻子上。我还在猜想，可能是我屋顶上的水滴掉在了我的身上。可是从那个方向我又听见了麻雀叽叽喳喳的叫声，这也是我在今年光的春天来临时，看到的第一只麻雀。我恍然大悟，原来刚才滴在我鼻子上的并不是什么水滴，而是那只淘气的麻雀丢了什么东西。

可是我依然非常喜欢这光的春天。虽然光的春天的第一位歌手对我并不是很友好，我却丝毫不介意。

万卡

[俄]契诃夫

作者简介

安东·巴甫洛维奇·契诃夫（1860—1904），俄国世界级短篇小说巨匠，是俄国十九世纪末期最后一位批判现实主义艺术大师，与法国作家莫泊桑和美国作家欧·亨利并称为“世界三大短篇小说家”。契诃夫可能是医生这个行业中写作最好的人，他一生都同时从事着这两个职业。正是因为这样的生活体验，他的作品简练、犀利、真实。他的代表作有《套中人》《小公务员之死》《变色龙》《万卡》等。

内容简介

无父无母的9岁小男孩万卡，在鞋匠家里做学徒。他冒着挨打挨饿的危险，找到一个时间空隙给自己做守夜人的爷爷写信，爷爷是他唯一的亲人了。他哭诉受到的欺压并回忆自己在家的最好时光。两种情况交替出现，令人心碎。最后，万卡在信封上写上“乡下爷爷收”的字，郑重寄出了带着他全部希望的信。

名篇节选

九岁的男孩万卡·茹科夫三个月前被送到靴匠阿里亚兴的铺子里来做学徒。在圣诞节的前夜，他没有上床睡觉。他等到老板夫妇和师傅们出外去做晨祷后，从老板的立柜里取出一小瓶墨水和一支安着锈笔尖的钢笔，然后在自己面前铺平一张揉皱的白纸，写起来。他在写下第一个字以前，好几次战战兢兢地回过头去看门口和窗子，斜起眼睛瞟一眼乌黑的圣像和那两旁摆满鞋楦头的架子，断断续续地叹气。那张纸铺在一条长凳上，他自己在长凳前面跪着。

“亲爱的爷爷，康司坦丁·玛卡雷奇！”他写道，“我在给你写信。祝您圣诞节好，求上帝保佑你万事如意。我没爹没娘，只剩下你一个亲人 了。”

万卡抬起眼睛看着乌黑的窗子，窗上映着他的蜡烛的影子。他想起他的祖父康司坦丁·玛卡雷奇，地主席瓦烈夫家的守夜人的模样。那是个矮小精瘦而又异常矫健灵活的小老头，年纪约六十五岁，老是笑容满面，睒着醉眼。白天他在仆人的厨房里睡觉，或者跟厨娘们笑闹，到夜里就穿上肥大的羊皮袄，在庄园四周走来走去，不住地敲梆子。他身后跟着两条狗，耷拉着脑袋，一条是老母狗卡希坦卡，一条是“泥鳅”，它得了这样的外号，是因为它的毛是黑的，而且身子细长，像是黄鼠狼。这条“泥鳅”倒是异常恭顺亲热的，不论见着自家人还是见着外人，一概用脉脉含情的目光瞧着。然而它是靠不住的。在它的恭顺温和的后面，隐藏着极其狡黠的险恶用心。任凭哪条狗也不如它那么善于抓住机会，悄悄溜到人的身旁，在腿肚子上咬一口，或者钻进冷藏室里去，或者偷农民的鸡吃。它的后腿已经不止一次被人打断，有两次人家索性把它吊起来，而且每个星期都把它打得半死，不过它老是养好伤，又活下来了。

眼下他祖父一定在大门口站着，眯着眼睛看乡村教堂的通红的窗子，顿着穿高筒毡靴的脚，跟仆人们开玩笑。他的梆子挂在腰带上。他冻得不时拍手，缩起脖子，一会儿在女仆身上捏一把，一会儿在厨娘身上拧一下，发出苍老的笑声。

繁星布满了整个天空，快活地睒着眼。天河那么清楚地显出来，就好像有人在过节以前用雪把它擦洗过似的。

万卡叹口气，用钢笔蘸一下墨水，继续写道："昨天我挨了一顿打。老板揪着我的头发，把我拉到院子里，拿师傅干活用的皮条狠狠地抽我，怪我摇他们摇篮里的小娃娃时，一不小心睡着了。上个星期老板娘叫我收拾一条青鱼，我从尾巴上动手收拾，她就捞起那条青鱼，把鱼头直甩到我脸上来。师傅们总是耍笑我，打发我到小酒店里去打酒，怂恿我偷老板的黄瓜，老板随手捞到什么就用什么打我。亲爱的爷爷，发发上帝那样的慈悲，带着我离开这儿，回家去，回到村子里去吧，我再也熬不下去了。我给你叩头了，我会永远为你祷告上帝，带我离开这儿吧，不然我就要死了……"

万卡嘴角撇下来，举起黑拳头揉一揉眼睛，抽抽搭搭地哭了。

"我会给你搓碎烟叶，"他接着写道，"为你祷告上帝，要是我做了错事，就只管抽我，像抽西多尔的山羊那样。要是你认为我没活儿干，那我就去求总管看在基督面上让我给他擦皮靴，或者替菲德卡去做牧童。亲爱的爷爷，我再也熬不下去，简直只有死路一条了。我本想跑回村子，可又没有皮靴，我怕冷。等我长大了，我就会为这件事养活你，不许人家欺侮你。等你死了，我就祷告，求上帝让你的灵魂安息，就跟为我的妈妈彼拉盖雅祷告一样。"

"亲爱的爷爷，等到老爷家里摆着圣诞树，上面挂着礼物，你就给我摘下一个用金纸包着的核桃，收在那口小绿箱子里。你问奥尔迦·伊格纳捷耶芙娜小姐要吧，就说是给万卡的。”

万卡声音发颤地叹一口气，又凝神瞧着窗子。他回想起祖父总是到树林里去给老爷家砍圣诞树，带着孙子一路去。那种时候可真快活啊！祖父咔咔地咳嗽，严寒把树木冻得咔咔地响，万卡就学他们的样子也咔咔地叫。往往在砍树以前，祖父先吸完一袋烟，闻很久的鼻烟，讪笑冻僵的万卡……

“你来吧，亲爱的爷爷。”万卡接着写道，“我求你看在基督和上帝面上带我离开这儿吧。你可怜我这个不幸的孤儿吧，这儿人人都打我，我饿得要命，气闷得没法说，老是哭。前几天老板用鞋楦头打我，把我打得昏倒在地，好不容易才活过来。我的生活苦透了，比狗都不如。亲爱的爷爷，你来吧。”

万卡把这张写好的纸叠成四折，把它放在昨天晚上花一个戈比买来的信封里。他略微想一想，用钢笔蘸一下墨水，写下地址：

寄交乡下祖父收

然后他搔一下头皮，再想一想，添了几个字：

康司坦丁·玛卡雷奇

他写完信而没有人来打扰，心里感到满意，就戴上帽子，顾不上披皮袄，只穿着衬衫就跑到街上去了……

昨天晚上他问过肉铺的伙计，伙计告诉他说，信件丢进邮筒以后，就由醉醺醺的车夫驾着邮车，把信从邮筒里收走，响起铃铛，分送到世界各地去了。万卡跑到就近的一个邮筒，把那封宝贵的信塞进了筒口……

他抱着美好的希望而定下心来，过了一个钟头，就睡熟了。在梦中他看见一个炉灶。祖父坐在炉台上，耷拉着一双光脚，给厨娘们念信，“泥鳅”在炉灶旁边走来走去，摇着尾巴……

威尼斯商人（节选）

[英] 莎士比亚

作者简介

威廉·莎士比亚（1564—1616），英国文学史上最杰出的戏剧家，也是欧洲文艺复兴时期最重要、最伟大的作家，1590年到1600年是莎士比亚创作的黄金时代，这一时期他主要创作的是喜剧和历史剧；1601年以后，他主要创作《奥赛罗》《哈姆雷特》《李尔王》等悲剧；在莎士比亚人生的最后阶段，他开始创作悲喜剧，又称为传奇剧。

内容简介

《威尼斯商人》是英国戏剧家莎士比亚创作的戏剧，是一部具有讽刺性的喜剧。该剧的剧情主要通过三条线索展开：一是鲍西亚选亲；二是杰西卡与罗兰佐恋爱和私奔；三是“割一磅肉”的契约纠纷。剧本的主题是歌颂仁爱、友谊和爱情，表现作者对资产阶级社会中金钱、法律和宗教等问题的人文主义思想。

名篇节选

人物：

威尼斯公爵
摩洛哥亲王 } 鲍西娅的求婚者
阿拉贡亲王

安东尼奥　威尼斯商人

巴萨尼奥　安东尼奥的朋友

葛莱西安诺
萨莱尼奥 } 安东尼奥和巴萨尼奥的朋友
萨拉里诺

罗兰佐　　杰西卡的恋人

夏洛克　　犹太富翁

杜伯尔　　犹太人，夏洛克的朋友

朗斯洛特·高波　小丑，夏洛克的仆人

老高波　　朗斯洛特的父亲

里奥那多　巴萨尼奥的仆人

鲍尔萨泽
斯丹法诺 } 鲍西娅的仆人

鲍西娅　　富家嗣女

尼莉莎　　鲍西娅的侍女

杰西卡　　夏洛克的女儿

威尼斯众士绅、法庭官吏、狱吏、鲍西娅家中的仆人及其他侍从

地点

一部分在威尼斯；一部分在大陆上的贝尔蒙特，鲍西娅邸宅所在地。

安东尼奥、萨拉里诺及萨莱尼奥上。

安东尼奥 真的，我不知道我为什么这样闷闷不乐。你们说你们见我这样子，心里觉得很厌烦，其实我自己也觉得很厌烦呢；可是我怎样会让忧愁沾上身，这种忧愁究竟是怎么一种东西，它是从什么地方产生的，我却全不知道；忧愁已经使我变成了一个傻子，我简直有点儿自己不了解自己了。

萨拉里诺 您的心是跟着您那些扯着满帆的大船在海洋上簸荡着呢，它们就像水上的达官富绅，炫示着它们的豪华，那些小商船向它们点头敬礼，它们却睬也不睬，凌风直驶。

萨莱尼奥 相信我，老兄，要是我也有这么一笔买卖在外洋，我一定要用大部分的心思牵挂它，我一定常常拔草观测风吹的方向，在地图上查看港口码头的名字。凡是足以使我担心那些货物的命运的一切事情，不用说都会引起我的忧愁。

萨拉里诺 吹凉我的粥的一口气，也会吹痛我的心，只要我想到海面上的一阵暴风将会造成怎样一场灾祸。我一看见沙漏的时计，就会想起海边的沙滩，仿佛看见我那艘满载货物的商船倒插在沙里，船底朝天，它的高高的桅樯吻着它的葬身之地。要是我到教堂里去，看见那用石块筑成的神圣的殿堂，我怎么会不立刻想起那些危险的礁石，它们只要略微碰一碰我那艘好船的船舷，就会把满船的香料倾泻在水里，让汹涌的波涛披戴着我的绸缎绫罗。方才还是价值连城的，一转瞬间尽归乌有。要是我想到了这种情形，我怎么会不担心这种情形也许会果然发生，从而发起愁来呢？

不用对我说，我知道安东尼奥是因为担心他的货物而忧愁。

安东尼奥 不，相信我，感谢我的命运，我的买卖的成败并不完全寄托在一艘船上，更不是倚赖着一处地方。我的全部财产，也不会因为这一年的盈亏而受到影响，所以我的货物并不能使我忧愁。

萨拉里诺 啊，那么您是在恋爱了。

安东尼奥 呸！哪儿的话！

萨拉里诺 也不是在恋爱吗？那么让我们说，您忧愁，因为您不快乐。老天造下人来，真是无奇不有。有的人老是眯着眼睛笑，好像鹦鹉见了吹风笛的人一样；有的人终日皱着眉头，即使涅斯托发誓说那笑话很可笑，他听了也不肯露一露他的牙齿，装出一个笑容来。

巴萨尼奥，罗兰佐及葛莱西安诺上。

萨莱尼奥 您的一位最尊贵的朋友，巴萨尼奥，跟葛莱西安诺、罗兰佐都来了。再见，您现在有了更好的同伴，我们可以少陪啦。

萨拉里诺 倘不是因为您的好朋友来了，我一定要叫您快乐了才走。

安东尼奥 你们的友谊我是十分看重的。照我看来，恐怕还是你们自己有事，所以借着这个机会想抽身出去吧？

萨拉里诺 早安，各位大爷。

巴萨尼奥 两位先生，咱们什么时候再聚在一起谈谈笑笑？你们近来跟我十分疏远了。难道非走不可吗？

萨拉里诺 您什么时候有空，我们一定奉陪。（*萨拉里诺、萨莱尼奥下。*）

罗兰佐 巴萨尼奥大爷，您现在已经找到安东尼奥，我们也要少陪啦；可是请您千万别忘记吃饭的时候咱们在什么地方会面。

巴萨尼奥 我一定不失约。

葛莱西安诺 安东尼奥先生，您的脸色不大好，您把世间的事情看得太认真了，一个人思虑太多，就会失去做人的乐趣。相信我，您近来真是变得太厉害啦。

安东尼奥 葛莱西安诺，我把这世界不过看作一个世界，每一个人必须在这舞台上扮演一个角色，我扮演的是一个悲哀的角色。

葛莱西安诺 让我扮演一个小丑吧。让我在嘻嘻哈哈的欢笑声中不知不觉地老去，宁可用酒温暖我的肠胃，不要用折磨自己的呻吟冰冷我的心。为什么一个身体里面流着热血的人，要那么正襟危坐，就像他祖宗爷爷的石膏像一样呢？明明醒着的时候，为什么偏要像睡去了一般？为什么动不动翻脸生气，把自己气出了一场黄疸病来？我告诉你吧，安东尼奥，因为我爱你，所以我才对你说这样的话。世界上有一种人，他们的脸上装出一副心如止水的神气，故意表示他们的冷静，好让人家称赞他们一声智慧深沉、思想渊博。啊，我的安东尼奥，我看透这一种人，他们只是因为不说话，博得了智慧的名声。可是我可以确定地说一句，要是他们说起话来，听见的人，谁都会骂他们是傻瓜的。等有机会的时候，我再告诉你关于这种人的笑话吧。可是请你千万别再用悲哀做钓饵，去钓这种无聊的名誉了。来，好罗兰佐，回头见。等我吃完了饭，再来向你结束我的劝告。

罗兰佐 好，咱们在吃饭的时候再见吧。我大概也就是他所说的那种以不说话为聪明的人，因为葛莱西安诺不让我有说话的机会。

葛莱西安诺 嘿，你只要再跟我两年，就会连你自己说话的口音也听不出来。

安东尼奥 再见，我会把自己慢慢儿训练得多说话一点儿的。

葛莱西安诺 那就再好不过了。（*葛莱西安诺、罗兰佐下。*）

安东尼奥　他说的这一番话有些什么意思？

巴萨尼奥　葛莱西安诺比全威尼斯城里无论哪一个人都更会说上一大堆废话。他的道理就像藏在两桶砻糠里的两粒麦子，你必须费去整天工夫才能够把它们找到，可是找到了它们以后，你会觉得费这么多气力找它们出来，是一点儿不值得的。

安东尼奥　好，您今天答应告诉我您立誓要去秘密拜访的那位姑娘的名字，现在请您告诉我吧。

巴萨尼奥　安东尼奥，您知道得很清楚，我怎样为了维持我外强中干的体面，把一份微薄的资产都挥霍光了。现在我对于家道中落、生活紧缩，倒也不怎么在乎了。我最大的烦恼是怎样可以解脱我背上这一重重由于挥霍而积欠下来的债务。无论在钱财方面或是友谊方面，安东尼奥，我欠您的债都是顶多的。因为你我交情深厚，我才敢大胆把我心里所打算的怎样了清这一切债务的计划全部告诉您。

安东尼奥　好吧，萨尼奥，请您告诉我吧。只要您的计划跟您向来的立身行事一样光明正大，那么我的钱囊可以让您任意取用，我自己也可以供您驱使。我愿意用我所有的力量，帮助您达到目的。

巴萨尼奥　我在学校里练习射箭的时候，每次把一支箭射得不知去向，便用另一支同样射程的箭向着同一方向射去，眼睛看准了它掉在什么地方，就往往可以把那失去的箭找回来。这样，冒着双重的险，就能找到两支箭。我提起这一件儿童时代的往事作为譬喻，因为我将要对您说的话，完全是一种很天真的思想。我欠了您很多的债，而且像一个不听话的孩子一样，把借来的钱一起挥霍完了。可是您要是愿意向着您放射第一支箭的方向，再射出您的第二支箭，那么这一回我一定会把目标看准，即使不把两支箭一起找回来，至少也可以把第二支箭交还给您，让我仍旧做一个知恩图报的负债者。

安东尼奥 您是知道我的为人的，现在您用这种譬喻的话来试探我对你的友谊，不过是浪费时间罢了。您要是怀疑我不肯尽力相助，那就比花掉我所有的钱还要对不起我。所以您只要对我说我应该怎么做，如果您知道哪件事是我的力量所能办到的，我一定会给您办到。您说吧。

巴萨尼奥 在贝尔蒙特有一位富家的嗣女，长得非常美貌，尤其值得称道的，她有非常卓越的德行，从她的眼睛里，我有时接到她的脉脉含情的流盼。她的名字叫作鲍西娅，比起古代凯图的女儿，勃鲁托斯的贤妻鲍西娅来，毫无逊色。啊，我的安东尼奥！只要我有相当的财力，可以和他们中间无论哪一个人匹敌，那么我觉得我有充分的把握，一定会实现愿望的。

安东尼奥 你知道我的全部财产都在海上，我现在既没有钱，也没有可以变换现款的货物。所以我们还是去试一试我的信用，看它在威尼斯城里有些什么效力吧。我一定凭着我这一点面子，能借多少就借多少，尽我最大的力量供给你到贝尔蒙特去见那位美貌的鲍西娅。去，我们两人就去分头打听什么地方可以借到钱，我就用我的信用做担保，或者用我自己的名义给你借下来。（同下。）

小王子（节选）

[法]安托万·德·圣-埃克苏佩里

作者简介

安托万·德·圣-埃克苏佩里（1900—1944），法国作家，法国最早的一代飞行员之一。1940年他流亡美国，侨居纽约，开始埋头文学创作。其作品主要描述飞行员的生活，代表作有小说《夜航》，散文集《空军飞行员》和童话《小王子》等。

内容简介

《小王子》是法国著名的儿童文学短篇童话。本书的主角是一位来自外星球的小王子，书中以一位飞行员的视角，讲述了小王子从自己星球出发，在前往地球的过程中所经历的各种事件。作者以小王子的（孩子式）的眼光，透视出成人的空虚和盲目，用浅显的语言写出了人类随风流浪的命运。同时，也表达出作者对真善美的讴歌。

名篇节选

我费了好长时间才弄清楚他是从哪里来的。小王子向我提出了很多问题，可是，对我提出的问题，他好像压根儿没有听见似的。他无意中吐露的一些话逐渐使我搞清了他的来历。例如，当他第一次瞅见我的飞机时（我就不画出我的飞机了，因为这种图画对我来说太复杂），他问我道：

“这是个啥玩意儿？”

“这不是‘玩意儿’。它能飞。这是飞机，是我的飞机。”

我当时很骄傲地告诉他我能飞。于是他惊奇地说道：

“怎么？你是从天上掉下来的？”

“是的。”我谦逊地答道。

“啊？这真滑稽。”

此时小王子发出一阵清脆的笑声。这使我很不高兴。我要求别人严肃地对待我的不幸。然后，他又说道：

“那么，你也是从天上来的了！你是哪个星球上的？”

即刻，对于他是从哪里来的这个秘密我隐约发现到了一点儿线索。于是，我就突然问道：

“你是从另一个星球上来的吗？”

可是他不回答我的问题。他一面看着我的飞机，一面微微地点点头，接着说道：

“可不是嘛，乘坐这玩意儿，你不可能是从很远的地方来的……”

说到这里，他就长时间地陷入沉思之中。然后，从口袋里掏出了我画的小羊，看着他的宝贝入了神。

你们可以想见这种关于“别的星球”的若明若暗的话语使我心里多

么好奇。因此我竭力地想知道其中更多的奥秘。

“你是从哪里来的，我的小家伙？你的家在什么地方？你要把我的小羊带到哪里去？”

他沉思了一会儿，然后回答我说：

“好在有你给我的那只箱子，夜晚可以给小羊当房子用。”

“那当然。如果你听话的话，我再给你画一根绳子，白天可以拴住它。再加上一根扦杆。”

我的建议看来有点儿使小王子反感。

“拴住它，多么奇怪的主意。”

“如果你不栓住它，它就到处跑，那么它会跑丢的。”

我的这位朋友又笑出了声：

“你想要它跑到哪里去呀？”

“不管什么地方。它一直往前跑……”

这时，小王子郑重其事地说：

“这没有什么关系，我那里很小很小。”

接着，他略带伤感地又补充了一句：

“一直朝前走，也不会走出多远……”

敬畏生命

［法］阿尔贝特·史怀泽

作者简介

阿尔贝特·史怀泽（1875—1965）是当代法国具有广泛影响的思想家，曾获1952年度诺贝尔和平奖。他提出了“敬畏生命”的伦理学思想，认为不仅对人的生命，更要对一切主物和动物的生命保持敬畏之心。

内容简介

这篇文章意在告诉我们，应该对生命有敬畏之心。只有这样，世界才会在我们面前呈现出它的无限生机，我们才会时时处处感受到生命的高贵与美丽，获得生命的顿悟与喜悦。

名篇节选

善是保存和促进生命，恶是阻碍和毁灭生命。如果我们摆脱自己的偏见，抛弃我们对其他生命的疏远性，与我们周围的生命休戚与共，那么我们就是道德的。只有这样，我们才是真正的人；只有这样，我们才会有一种特殊的、不会失去的、不断发展的和方向明确的德性。

敬畏生命，生命的休戚与共是世界中的大事。自然不懂得敬畏生命。它以最有意义的方式产生着无数生命，又以毫无意义的方式毁灭着它们。包括人类在内的一切生命等级，都对生命有着可怕的无知。他们只有生命意志，但不能体验发生在其他生命中的一切；他们痛苦，但不能共同痛苦。自然抚育的生命意志陷于难以理解的自我分裂之中。生命以其他生命为代价才得以生存下来。自然让生命去干最可怕的残忍事情。自然通过本能引导昆虫，让它们用毒刺在其他昆虫身上扎洞，然后产卵于其中。那些由卵发育而成的昆虫靠毛虫过活，这些毛虫则应被折磨至死。为了杀死可怜的小生命，自然引导蚂蚁成群结队地去攻击它们。看一看蜘蛛吧！自然教给它的手艺多么残酷。

从外部看，自然是美好和壮丽的，但认识它则是可怕的。它的残忍毫无意义！最宝贵的生命成为最低级生命的牺牲品。例如，一个儿童感染了结核病菌。接着这种最低级生物就在儿童的最高贵机体内繁殖起来，结果导致这个儿童的痛苦和夭亡。

由于生命意志神秘的自我分裂，生命就这样相互争斗，给其他生命带来痛苦或死亡。这一切尽管无罪，却是有过的。自然教导的是这种残忍的利己主义。当然，自然也教导生物，在它需要时给自己的后代以爱和帮助。只是在这短暂的时间内，残忍的利己主义才得以中断。但是，更令人惊讶的是，动物能与自己的后代共同感受，能以直至死亡的自我牺牲精神爱它的后代，但拒绝与非其属类的生命休戚与共。

受制于盲目的利己主义的世界，就像一条漆黑的峡谷，光明仅仅停留在山峰之上。所有生命都必然生存于黑暗之中，只有一种生命能摆脱黑暗，看到光明。这种生命是最高的生命——人。只有人能够认识到敬畏生命，能够认识到休戚与共，能够摆脱其余生物苦陷其中的无知。

这一认识是存在发展中的大事。真理和善由此出现于世。光明驱散了黑暗，人们获得了最深刻的生命概念。共同体验的生命，由此在其存在中感受到整个世界的波浪冲击，达到自我意识，结束作为个别的存在，使我们之外的生存涌入我们的生存。

我们生存在世界之中，世界也生存于我们之中。这个认识包含着许多奥秘。为什么自然律和道德律如此冲突？为什么我们的理性不赞同自然中的生命现象，而必然形成与其所见尖锐对立的认识？为什么在它发挥善的概念的地方，它就必须与世界做斗争？为什么我们须经历这种冲突，而没有有朝一日调和它的力量？为什么不是和谐而是分裂？等等。上帝是产生一切的力量。为什么显示在自然中的上帝否定一切我们认为是道德的东西，即自然同时有意义地促进生命和无意义地毁灭生命的力量？如果我们已能深刻地理解生命、敬畏生命，与其他生命休戚与共，那么，我们怎样使作为自然力的上帝，与我们所必然想象的作为道德意志的上帝、爱的上帝统一起来？

我们不能在一种完整的世界观和统一的上帝概念中坚定我们的德性，我们必须始终使德性免受世界观矛盾的损害，这种矛盾像毁灭性的巨浪一样冲击着它。我们必须建造一条大堤，它能保存下来吗？

危及我们休戚与共的能力和意志的是日益强加于人的这种考虑，这无济于事！你为防止或减缓痛苦、保存生命所做的和能做的一切，和那些发生在世界上和你周围，你又对之无能为力的一切比较起来，是无足轻重的。确实，在许多方面，我们是多么的软弱无力，我们本身也给其他生物带来了多少伤害，而不能停止。想到这一点，真是令人害怕。

你踏上林中小路，阳光透过树梢照进了路面，鸟儿在歌唱，许多昆虫欢乐地嗡嗡叫。但是，你对此无能为力的是，你的路意味着死亡。被你踩着的蚂蚁在那里挣扎，甲虫在艰难地爬行，而蠕虫则蜷缩起来。由于你无意的罪过，美好的生命之歌中也出现了痛苦和死亡的旋律。当你想行善时，你感受到的则是可怕的无能为力，不能如你所愿地帮助生命。接着你就听到诱惑者的声音：你为什么自寻烦恼？这无济于事。不要再这么做，像其他人一样，麻木不仁，无思想、无情感吧。

还有一种诱惑：同情就是痛苦。谁亲身体验了世界的痛苦，他就不可能在人所意愿的意义上是幸福的。在满足和愉快的时刻，他不能无拘无束地享受快乐，因为那里有他共同体验的痛苦。他清楚地记着他所看见的一切。他想到他所遇见的穷人，看见的病人，认识到这些人的命运残酷性，阴影出现在他的快乐和光明之中，并越来越大。在快乐的团体中，他会突然心不在焉。那个诱惑者又会对他说：人不能这样生活。人必须能够无视发生在他周围的事情，不要这么敏感。如果你想理性地生活，就应当有铁石心肠。穿上厚甲，变得像其他人一样没有思想。最后，我们竟然会为我们还懂得伟大的休戚与共而惭愧。当人们开始成为这种理性化的人时，我们彼此隐瞒，并装得好像人们抛弃的都是些蠢东西。

这是对我们的三大诱惑，它不知不觉地毁坏着产生善的前提。提防它们，首先，你对自己说，互助和休戚与共是你的内在必然性。这是能赋予你生命以意义的唯一途径。无论你在哪里，你都应尽你所能从事救助活动，即解救由自我分裂的生命意志给世界带来的痛苦。显然，只有自觉的人才会从事这种救助活动。如果你在任何地方减缓了人或其他生物的痛苦和畏惧，那么你能做的即使较少，也是很多。保存生命，这是唯一的幸福。

另一个诱惑，共同体验发生在你周围的不幸，对你来说是痛苦，你应这样认识：同甘与共苦的能力是同时出现的。随着对其他生命痛苦的麻木不仁，你也失去了同享其他生命幸福的能力。尽管我们在世间见到的幸福是如此之少，但是，以我们本身所能行的善，共同体验我们周围的幸福，是生命给予我们的唯一幸福。最后，你根本没有权利这么说：我要这么生存。因为你认为，你比其他生命幸福。你必须做一个真正自觉的人，与世界共同生存的人，在自身中体验世界的人。你是否因此按流行的看法比较幸福，这是无所谓的。我们内心神秘的声音并不需要幸福的生存——听从它的命令，才是唯一能使人满足的事情。

我这样和你们说，是为了不让你们麻木不仁，保持清醒的头脑！这与你们的灵魂有关。如果这些表达了我内心思想的话语，能使在座的诸位撕碎世上迷惑你们的假象，能使你们不再无思想地生存，不再害怕由于敬畏生命和必然认识到共同体验的重要而失去自己，那么，我就感到满足，而我的行为也将被人赞赏。

普希金抒情诗二首

[俄]普希金

作者简介

亚历山大·谢尔盖耶维奇·普希金,(1799—1837),俄国著名的文学家、伟大的诗人、小说家。十九世纪俄国浪漫主义文学主要代表人物,现实主义文学的奠基人,被誉为“俄国文学之父”。同时他也是现代标准俄语的创始人。

内容简介

本文收录普希金的《一朵小花》和《秋天的早晨》两首序情短诗,两首诗均歌颂美好的自然,读来朗朗上口,声韵和谐,充满柔情。普希金的抒情诗题材广泛、形式多样,友谊、爱情、政治、历史、自然景物、乡村、文学以及神话传说等主题在他的诗中都有所反映。

名篇节选

一朵小花

我在书里发现一朵小花，
它早已干枯了，也不再芬芳，
因此，我的心里就充满了
许许多多奇异的遐想：

是哪一个春天，在哪一处
它盛开的？开了多长时间？
谁摘下的？是外人还是熟人？
为什么放在这书页中间？

可是为了纪念温柔的相会？
还是留作永别的珍情？
或者只是由于孤独的散步
在田野的幽寂里，在林荫？

是他还是她？还在世吗？
哪一个角落是他们的家？
啊，也许他们早已枯萎了，
一如这朵不知名的小花。

秋天的早晨

喧声四起，田野的芦笛声
破坏了我的蜗居的平静。
那最后的一场梦景连同
爱人儿的倩影都已消失。
夜幕已经从天际滑落，
早霞升起，苍白的一天开始。
我的周遭空寂荒凉……
她离去了……我来到河岸旁，
清朗的傍晚她常来这里。
如今哪儿也找不见美人儿，
哪儿也没有她的踪迹。
我在密林深处郁郁地徘徊，
叨念着那永难忘记的名字。
我呼唤她——这孤零零的呼声
只有远方空谷传来回音。
我满怀幻想地来到溪旁，
溪水依旧汩汩地流淌，
水中却不见绝世佳丽的形象。
她离去了……在甜蜜的春天到来之前，
我将不再与快乐和激情相伴。
秋天用她那冰凉的手，
摘掉白桦和菩提的树冠，

它在阒寂无人的林中喧叫，

那里，枯叶日夜地飞飘，

枯黄的田野上一片白雾，

偶然还能听到秋风的呼啸。

田野，山冈，熟稔的橡树林！

你神圣的安宁的守护者们！

过往时日的欢乐的见证人！

再见啦……直到甜蜜的春天来临！

瓦尔登湖（节选）

［美］梭罗

作者简介

梭罗（1817—1862），美国作家、思想家、自然主义者，19 世纪超验主义运动的重要代表人物。《瓦尔登湖》记载了他在瓦尔登湖的隐逸生活，在美国文学中被公认为是最受读者欢迎的非虚构作品。

内容简介

《瓦尔登湖》共由 18 篇散文组成，文中描绘了作者在瓦尔登湖生活两年里的所见所闻和所思所感。在这两年的四季循环更替过程中，梭罗内心的渴望、冲突，以及调整过后再次渴望的复杂的心路历程都被记录在书中。

名篇节选

这是一个愉快的傍晚，全身只有一个感觉，每一个毛孔中都浸润着喜悦。我在大自然里以奇异的自由姿态来去，成了她的一部分。我只穿衬衫，沿着硬石的湖岸走，天气虽然寒冷，多云又多风，也没有特别分心的事，那时天气对我异常地合适。牛蛙鸣叫，邀来黑夜，夜鹰的乐音乘着吹起涟漪的风从湖上传来。摇曳的赤杨和白杨，激起我的情感，使我几乎不能呼吸了。然而像湖水一样，我的宁静只有涟漪而没有激荡。和如镜的湖面一样，晚风吹起来的微波是谈不上什么风暴的。虽然天色黑了，风还在森林中吹着，咆哮着，波浪还在拍岸，某一些动物还在用它们的乐音催眠着另外的那些。宁静不可能是绝对的。最凶狠的野兽并没有宁静，现在正找寻它们的牺牲品。狐狸、臭鼬、兔子，也正漫游在原野上，在森林中，它们却没有恐惧，它们是大自然的看守者——是连接一个个生机勃勃的白昼的链环。

等我回到家里，发现已有访客来过，他们还留下了名片呢，不是一束花，便是一个常春树的花环，或用铅笔写在黄色的胡桃叶或者木片上的一个名字。不常进入森林的人常把森林中的小玩意儿一路上拿在手里玩，有时故意，有时偶然。有一位剥下了柳树皮，做成一个戒指，丢在我的桌上。在我出门时有没有客人来过，我总能知道，不是树枝或青草弯倒，便是有了鞋印，一般来说，从他们留下的微小痕迹里我还可以猜出他们的年龄、性别和性格。有的掉下了花朵，有的抓来一把草，又扔掉，甚至还有一直带到半英里外的铁路边才扔下的呢。

我们周围的空间该说是很大的了。我们不能一探手就触及地平线。蓊郁的森林或湖沼并不就在我的门口，中间总还有着一块我们熟悉而且由我们使用的空地，多少整理过了，还围了点篱笆，它仿佛是从大自然的手里被夺取得来的。为了什么理由，我要有这么大的范围和规模，好多平方英里的没有人迹的森林，遭人类遗弃而为我所私有了呢？最接近我的邻居在一英里外，看不到什么房子，除非登上那半里之外的小山山顶去瞭望，才能望见一点儿房屋。我的地平线全给森林包围起来，专供我自己享受，极目远望只能望见那在湖的一端经过的铁路和在湖的另一端沿着山林的公路边上的篱笆。大体说来，我居住的地方，寂寞得跟生活在大草原上一样。在这里离新英格兰也像离亚洲和非洲一样遥远。可以说，我有我自己的太阳、月亮和星星，我有一个完全属于我自己的小世界。从没有一个人在晚上经过我的屋子，或叩我的门，我仿佛是人类中的第一个人或最后一个人，除非在春天里，隔了很长久的时候，有人从村里来钓鳖鱼——在瓦尔登湖中，很显然他们能钓到的只是他们自己的多种多样的性格，而钩子只能钩到黑夜而已——他们立刻都撤走了，又把世界留给黑夜和我，而黑夜的核心是从没有被任何人类的邻舍污染过的。

然而我有时经历到，在任何大自然的事物中，都能找出最甜蜜温柔、最天真和鼓舞人的伴侣，即使是对于愤世嫉俗的可怜人和最忧悒的人也一样。只要生活在大自然之间而还有五官的话，便不可能有很阴郁的忧虑。对于健全而无邪的耳朵，暴风雨还真是伊奥勒斯（古希腊神话中的风神）的音乐呢。什么也不能正当地迫使单纯而勇敢的人产生庸俗的伤感。当我享受着四季的友爱时，我相信，任什么也不能使生活成为我沉重的负担。今天佳雨洒在我的豆子上，使我在屋里待了整天，这雨既不使我沮丧，也不使我抑郁，对于我可是好得很呢。虽然它使我不能够锄地，但比我锄地更有价值。如果雨下得太久，使地里的种子、低地的土豆烂掉，它对高地的草还是有好处的，既然它对高地的草很好，它对我也是很好的了。

人们常常对我说，“我想你在那儿住着，一定很寂寞，总是想要跟人们接近一下的吧，特别在下雨下雪的日子。”我喉咙痒痒的直想这样回答——我们居住的整个地球，在宇宙之中不过是一个小点。那边一颗星星，我们的天文仪器还无法测量出它有多么大呢，你想想它上面的两个相距最远的居民又能有多远的距离呢？我怎会觉得寂寞？我们的地球难道不在银河之中？在我看来，你提出的似乎是最不重要的问题。怎样一种空间才能把人和人群隔开而使人感到寂寞呢？我已经发现了，无论两条腿怎样努力也不能使两颗心灵更加接近。我们最愿意和谁紧邻而居呢？人并不是都喜欢车站、邮局、酒吧间、会场、学校、杂货店，虽然在那里人们常常相聚，人们倒是更愿意接近那生命的不竭之源泉的大自然。在我们的经验中，我们时常感到有这么个需要，好像水边的杨柳，一定向有水的方向伸展它的根。人的性格不同，所以需要也很不相同，可是一个聪明人必须在不竭之源泉的大自然那里挖掘他的地窖。

对一个死者来说，任何觉醒的，或者复活的景象，都使一切时间与地点变得无足轻重。可能发生这种情形的地方都是一样的，对我们的感官是有不可言喻的欢乐的。可是我们大部分人只让外表上的、很短暂的事情成为我们所从事的工作。事实上，这些是使我们分心的原因。最接近万物的乃是创造一切的一股力量。其次，靠近我们的宇宙法则在不停地发生作用。再其次，靠近我们的，不是我们雇用的匠人，虽然我们喜欢和他们谈谈说说，而是那个大匠，我们自己就是他创造的作品。

我们是一个实验的材料，但我对这个实验很感兴趣。在这样的情况下，难道我们不能够有一会儿离开我们的充满了是非的社会，只让我们自己的思想来鼓舞我们？孔子说得好，“德不孤，必有邻”。

有了思想，我们可以在清醒的状态下，欢喜若狂。只要我们的心灵有意识地努力，我们就可以高高地超乎任何行为及其后果之上。一切好事坏事，就像奔流一样，从我们身边经过。我们并不是完全都给纠缠在大自然之内的。我可以是急流中的一片浮木，也可以是从空中望着尘寰的因陀罗（吠陀神话中的大神）。看戏很可能感动了我；而另一方面，和我生命更加攸关的事件却可能不感动我。我只知道我自己是作为一个人而存在的。可以说我是反映我思想感情的一个舞台面，我多少有着双重人格，因此我能够远远地看自己犹如看别人一样。不论我有如何强烈的经验，我总能意识到我的一部分在从旁批评我，好像它不是我的一部分，只是一个旁观者，并不分担我的经验，而是注意到它。正如他并不是你，他也不能是我。等到人生的戏演完，很可能是出悲剧，观众就自己走了。关于这第二重人格，这自然是虚构的，只是想象力的创造。但有时这双重人格很容易使别人难于和我们做邻居，交朋友了。

大部分时间内，我觉得寂寞是有益于健康的。有了伴儿，即使是最好的伴儿，不久也要厌倦，弄得很糟糕。我爱孤独。我没有碰到比寂寞更好的同伴了。一个在思想着、在工作着的人总是单独的，让他爱在哪儿就在哪儿吧，寂寞不能以一个人离开他的同伴的里数来计算。真正勤学的学生，在剑桥学院最拥挤的蜂房内，寂寞得像沙漠上的一个托钵僧一样。农夫可以一整天，独个儿在田地上，在森林中工作，耕地或砍伐，却不觉得寂寞，因为他有工作。可是到晚上，他回到家里，却不能独自在室内沉思，而必须到“看得见他那里的人”的地方去消遣一下，用他的想法，是用以补偿他一天的寂寞。因此他很奇怪，为什么学生们能整日整夜地坐在室内不觉得无聊与忧郁。可是他不明白虽然学生在室内，却在他的田地上工作，在他的森林中采伐，像农夫在田地或森林中一样，过后学生也要找消遣，也要社交，尽管那形式可能更加凝练些。

社交往往廉价。相聚的时间之短促，来不及使彼此获得任何新的有价值的东西。我们在每日三餐的时间里相见，大家重新尝尝我们这种陈腐乳酪的味道。我们都必须同意若干条规则，那就是所谓的礼节和礼貌，使得这种经常的聚首能相安无事，避免公开争吵，以致面红耳赤。

我曾听说过，有人迷路在森林里，倒在一棵树下，饿得慌，又累得要命，由于体力不济，病态的想象力让他看到了周围有许多奇怪的幻象，他以为它们都是真的。同样，在身体和灵魂都很健康有力的时候，我们可以不断地从类似的，但更正常、更自然的社会得到鼓舞，从而发现我们是不寂寞的。

有一个老太太，住在我的附近，大部分人根本看不见她，我却有时候很高兴到她的芳香的百草园中去散步，采集药草，又倾听她的寓言。因为她有无比丰富的创造力，她的记忆一直追溯到神话以前的时代，她可以把每一个寓言的起源告诉我，哪一个寓言是根据了哪一个事实而来的，因为这些事都发生在她年轻的时候。一个红润的、精壮的老太太，不论什么天气、什么季节，她都兴致勃勃，看样子要比她的孩子活得还长久。

太阳、风雨、夏天、冬天——大自然的不可描写的纯洁和恩惠，他们永远提供这么多的康健，这么多的欢乐！对我们人类这样的同情，如果有人为了正当的原因悲痛，那大自然也会受到感动。太阳黯淡了，风像活人一样悲叹，云端里落下泪雨，树木到仲夏脱下叶子，披上丧服。难道我不该与土地息息相通吗？我自己不也是一部分绿叶与青菜的泥土吗？

贝多芬百年祭

［英］萧伯纳

作者简介

萧伯纳（1856—1950），爱尔兰剧作家。他是英国现代杰出的现实主义戏剧作家，是世界著名的擅长幽默与讽刺的语言大师。因其作品具有理想主义和人道主义精神而于1925年获诺贝尔文学奖。

内容简介

1927年，贝多芬逝世一百周年，萧伯纳为纪念贝多芬而撰写此纪念文章。文中介绍了音乐大师贝多芬的为人，其音乐创作的特色及对后世的影响，突出了贝多芬及其作品的强烈反抗精神，是一篇优秀的人物评论和音乐评论。

名篇节选

一百年前，一位虽然听得见雷声但已聋得听不见大型交响乐队演奏自己乐曲的五十七岁的倔强的单身老人最后一次举拳向着咆哮的天空，然后去世了。还是和他生前一样，唐突神灵，蔑视天地。

他是反抗性的化身，他甚至在街上遇上一位大公和他的随从时也总不免把帽子向下按得紧紧的，然后从他们正中间大踏步地直穿而过。他有一架不听话的蒸汽轧路机的风度（大多数轧路机还恭顺地听使唤和不那么调皮）；他不讲究穿衣，事实上有一次他竟被当作流浪汉给抓了起来，因为警察不肯相信穿得这样破破烂烂的人竟会是一位大作曲家，更不能相信这副躯体竟能容得下奔腾澎湃的灵魂。他的灵魂是伟大的，但如果我使用了最伟大的这种字眼，贝多芬自己就会责怪我，谁又能自负地说，自己的灵魂比巴赫的还伟大呢？但是说贝多芬的灵魂是最奔腾澎湃的那可没有一点儿问题。他的狂风怒涛一般的力量他自己能很容易控制住，可是常常并不愿去控制，这种狂呼大笑的滑稽诙谐是在别的作曲家作品里找不到的。音乐节奏成为最强而有力的新方法。但是在听过第三里昂诺拉前奏曲之后，最狂热的爵士乐听起来也像“少女的祈祷”那样温和了，可以肯定地说我听过的任何黑人的集体狂欢都不会像贝多芬的第七交响乐最后的乐章那样可以引起舞蹈家拼了命地跳下去，而也没有另外哪一个作曲家可以先以他的乐曲的阴柔之美使得听众完全溶化在缠绵悱恻的境界里，而后突然以铜号的猛烈声音吹向他们，带着嘲讽似的使他们觉得自己是真傻。除了贝多芬之外谁也管不住贝多芬。而疯劲儿上来之后，他总有意不去管住自己，于是也就成为管不住的人了。

贝多芬不是戏剧家，赋予道德以灵活性对他来说就是一种可厌恶的玩世不恭。但他仍然认为莫扎特是大师中的大师（这不是一顶空洞的高帽子，他的的确确就是说莫扎特是个为作曲家们欣赏的作曲家，远远不是流行作曲家），可是他是穿紧腿裤的宫廷侍从，而贝多芬却是个穿散腿裤的激进共和主义者。在贝多芬和他之间隔着一场法国大革命，划分开了十八世纪和十九世纪。但对贝多芬来说，莫扎特可不如海顿，因为他把道德当儿戏，用迷人的音乐把罪恶谱成了像德行那样奇妙。如同每一个真正激进共和主义者都具有的，贝多芬身上的清教徒性格使他反对莫扎特，即便莫扎特曾向他启示了十九世纪音乐的各种创新的可能。

音乐的作用并不止于创造悦耳的乐式，它还能表达感情。你能去津津有味地欣赏一张波斯地毯或者听一曲巴赫的序曲，但乐趣只止于此。可是你听了《唐璜》前奏曲之后却不可能不发生一种复杂的心情，它使你心里有准备去面对将淹没那种精致但又是魔鬼式的欢乐——一场可怖的末日的悲剧，听莫扎特的《天神交响乐》最后一章时你会觉得那和贝多芬的第七交响乐的最后乐章一样，都是狂欢的音乐，它用响亮的鼓声奏出如醉如狂的旋律，而从头到尾又交织着一开始就有的具有一种不寻常的悲伤之美的乐调，因而更加沁人心脾。莫扎特的这一乐章又自始至终是乐式设计的杰作。

但是贝多芬的这一点，也是使得某些与他同时的伟人不得不把他当作一个疯人。有时清醒就出些洋相或者显示出格调不高的一点，在于他把音乐完全用作了表现心情的手段，并且完全不把设计乐式本身作为目的。不错，他一生非常保守地（顺便说一句，这也是激进共和主义者的特点）使用着旧的乐式，但是他加给它们以惊人的活力和激情，包括产生于思想高度的那种最高的激情，使得产生于感觉的激情显得仅仅是感官上的享受。于是他不仅打乱了旧乐式的对称，而且常常使人听不出在感情的风暴之下竟还有什么样式存在着了。他的《英雄交响乐》一开始使用了一个乐式（这是从莫扎特幼年时的一个前奏曲借来的），跟着又用了另外几个很漂亮的乐式。这些乐式被赋予了巨大的内在力量，所以到了乐章的中段，这些乐式就全被不客气地打散了。于是，从只追求乐式的音乐家看来，贝多芬是发了疯了，他抛出了同时使用音阶上所有单音的可怖的和弦。他这么做只是因为他觉得非如此不可，而且还要求你也觉得非如此不可呢。

你可以拿所有用来形容以乐式见长的作曲家的话来形容他，但是他的病症，也就是不同于别人之处在于他那激动人心的本质，他能使我们激动，并把他那奔放的感情笼罩着我们。当贝里奥滋听到一位法国作曲家因为贝多芬的音乐使他听了很不舒服而说“我听了能使我入睡的音乐”，他非常生气。贝多芬的音乐是使你清醒的音乐，而当你想独自一个静一会儿的时候，你就怕听他的音乐。

懂了这个，你就从十八世纪前进了一步，也从旧式的跳舞乐队前进了一步（爵士乐，附带说一句，就是贝多芬化了的老式跳舞乐队），不但能懂得贝多芬的音乐而且也能懂得贝多芬以后的最有深度的音乐了。

爱的教育（节选）

[意大利] 亚米契斯

作者简介

埃迪蒙托·德·亚米契斯(1846—1908)，意大利人，世界著名儿童的文学作家。其代表作有《爱的教育》《少年笔耕》《寻母三千里》等。

内容简介

《爱的教育》是一本日记体小说，讲述了小学四年级学生安利柯一个学年的生活，包括发生在安利柯身边的许多感人的小故事；老师每月给学生讲述的“故事”和父母为他写的许多具有启发意义的文章。这本书又叫《一个意大利四年级小学生的日记》。

名篇节选

宽宏大量的品德

今天上午发生的事情使我们认识到卡罗纳是怎么样的一个人了。

我去上学的途中，碰到二年级的女老师，她说准备到我家去一次，问我什么时候在家。这样，我耽误了些时间，晚到学校一会儿。

到了学校，我们班的老师还没来。三四个同学正拿可怜巴巴的科罗西寻开心。科罗西不是别人，正是那个长着红头发、一只胳膊因残废而垂在胸前、妈妈以卖菜为生的孩子。他们用尺子戳他，朝他脸上扔栗子壳，模仿他的残臂挂在脖颈上，把他比作畸形人、残废人和妖魔鬼怪。他一个人孤苦伶仃地坐在课桌的尽头，脸色苍白，极力忍受着他们的污言秽语。

为了得到片刻的安宁，他用祈求的目光一会儿看看这个，一会儿又望望那个。但是他们变本加厉地嘲笑他，挑逗他。他气得面红耳赤，浑身直打哆嗦。突然间，那个厚颜无耻、爱搞恶作剧的弗郎蒂跳到课桌上，学着科罗西的母亲胳膊上挎着篮子的样子，逗得在场的所有同学捧腹大笑。科罗西的母亲一般是在这个时候在校门口等儿子的，只因她最近生病没来接儿子。

这时候的科罗西已失去了理智，抄起一个墨水瓶狠狠地朝弗郎蒂的脑袋砸过去。弗郎蒂敏捷地闪到一旁，而墨水瓶正好打在刚进教室的老师的胸脯上。

同学们争先恐后地跑回各自的座位，个个惊吓得默不作声。脸拉得老长的老师走到讲台前，气呼呼地大声问道："是谁干的？"

没人吱声。

老师再一次提高嗓门，吼叫道："到底是谁干的？"

见没人答话，卡罗纳向可怜巴巴的科罗西瞥了一眼，猛然站起来，语气果断地说："是我！"

老师上下打量他一番，又望了望呆若木鸡的其他同学，然后语气平和地说："不是你。"

过了片刻，老师接着说："肇事者今天不会受到处分，快站起来说吧！"

科罗西站起来，伤心地哭着说："他们打我，欺负我，我气疯了，就……"

"坐下。"老师打着手势对科罗西说，接着以命令的口吻大声说，"那些肇事者赶快站起来！"

四个人耷拉着脑袋站起来。

老师用严肃而有力的声音说道："你们肆无忌惮地欺负一个从不打扰你们的同学，嘲笑一个可怜巴巴的孩子，打了一个毫无自卫能力的弱者，你们的行为是最卑鄙无耻的，实在是玷污了'人'这个美丽又神圣的字眼！一群胆小鬼！"

老师一口气说完，走到课桌前，一只手抚摸着低着头的卡罗纳的面颊，托起他的脑袋，富有感情地说：

"你的心灵真美！"

卡罗纳趁机跟老师交头接耳，咕哝了几句，谁也听不清楚说的是什么。老师接着转过身来，用生硬的语气对几个肇事者说："这次我宽恕你们了。"

普罗旺斯的一年（节选）

［英］彼得·梅尔

作者简介

彼得·梅尔，英国作家。1987年移居法国普罗旺斯，难抑对当地风情民俗的喜爱，写下《普罗旺斯的一年》，这个随意之举却成就经典，在全球掀起一股追求质感生活的风尚。

内容简介

《普罗旺斯的一年》记录了梅尔隐居乡野第一年的闲情逸趣和悠然自在，作者以诙谐细腻的笔锋，独具魅力的散文方式叙述其对普罗旺斯的喜爱，传递出一种豁然安宁的生活态度。“普罗旺斯”由此成为闲适生活的代名词。

名篇节选

面包之灵

住在普罗旺斯，我们也染上对面包的狂热，选购每天吃的面包已成为一大乐趣。梅纳村的小面包店开店时间颇不规律——“等老板娘梳妆完毕她便会重开店门。”有一天我竟得到这样的回答。我们于是往其他村落去寻找面包，结果大出意料。这么多年来我们吃惯了的稀松平常的面包，原来其中另有天地。

我们尝了吕蜜尔村密实、耐嚼的产品，比一般长条面包胖而且扁；尝了卡布瑞村外皮焦黑的圆包，大如压扁了的足球。知道了哪种面包可以放一天，哪种则三小时内不吃就走了味；什么面包做菜用最合适，又是什么面包适合点缀在鱼汤的表面。还有许多小糕点，都是当天早晨做的，不到中午便卖光了。小糕点旁边摆放着一瓶一瓶待售的香槟，我们初见有些惊讶，后来看惯了便觉得看着开心。

每家面包店各有独门妙方，产品与超级市场大量贩卖的不同。外形稍作变化、别出心裁的装饰，给人精心巧制的感觉，像艺术家在作品上签了名。这些面包师傅，完全视那些切在卡维隆、电话号码簿上登录的面包店有十七家。听别人说其中有一家出类拔萃，种类既多，品质亦佳，堪称糕点面包之王。他们说，在这家叫作“欧西馆”（Chez Auzet）的店里，面包与糕点的烘焙和食用，简直神圣如宗教。

天气暖和的日子，店外的人行道上摆了桌椅，卡维隆的大娘们便坐在那里，啜饮热巧克力，咀嚼杏仁饼干或草莓点心，慢慢考虑买些什么面包回家作午餐和晚餐。为了帮助她们作决定，店里印了琳琅满目的产品目录。我便从柜台上取了一份产品目录，叫了咖啡，坐在阳光里展读。

这一读，我又长了一层见识。目录上不但介绍了许多我过去听也没听过的面包，还明确坚定地告诉我，哪种面包是配什么吃的。例如喝饭前开胃酒时，我可选择被称作土司的小面包，或是撒了盐肉的“惊奇面包”，或是咸味千层酥。这还简单，进入正餐阶段可就复杂了。假如我要先来点儿生菜，可搭配的面包就有四种：洋葱面包、大蒜面包、橄榄面包和羊乳酪面包，应有尽有。那么，我可以改吃海鲜，因为欧西咖啡馆只批准了一种面包可配海鲜，便是切成薄片的裸麦面包。

所以这家店以不容商量的语气，列举出我吃猪肉、鹅肝，喝汤时各该配些什么。禽类和畜类是如何，腌肉又是如何，还有混合沙拉（可别与各式纯素菜沙拉混为一谈）与三种成分各异的乳酪的吃法。我算了一下，香草的、辣味的、核桃的。可是，吃小牛肝时，该配什么呢？

她往货架上方浏览了一番，挑出一种粗短的棕色面包。“你这人懂得面包，”她说，“不像有些人。”

我呢，算是初窥面包的门径，正如我刚开始领略蘑菇的世界。这天早晨可学到不少呢。

宽容（序言）

［美］房龙

作者简介

亨德里克·威廉·房龙（1882—1944），荷裔美国人，著名学者，作家，历史地理学家。房龙是出色的通俗作家，在历史、文化、文明、科学等方面都有著作，而且读者众多，是伟大的文化普及者。

内容简介

《宽容》一书以基督教发展脉络为依托，用生动又智慧的笔触描述了在人类文明发展进程中，新事物是如何产生，如何被旧势力打压，及如何与世间的不宽容做斗争的。是一部西方宗教发展史，同时也是一部人类文明进化史。

名篇节选

在宁静的无知山谷里，人们过着幸福的生活。

永恒的山脉向东西南北各个方向蜿蜒绵亘。

知识的小溪沿着深邃破败的溪谷缓缓地流着。

它发源于昔日的荒山。

它消失在未来的沼泽。

这条小溪并不像江河那样波澜滚滚，但对于需求浅薄的村民来说，已经绰有余裕。

晚上，村民们饮毕牲口，灌满木桶，便心满意足地坐下来，尽享天伦之乐。

守旧的老人被搀扶出来，他们在阴凉角落里度过了整个白天，对着一本神秘莫测的古书苦思冥想。

他们向儿孙唠叨着古怪的字眼，可是孩子们却惦记着玩耍从远方捎来的漂亮石子。

这些字眼的含义往往模糊不清。

不过，它们是一千年前由一个已不为人所知的部族写下的，因此神圣而不可亵渎。

在无知山谷里，古老的东西总是受到尊敬。

谁否认祖先的智慧，谁就会遭到正人君子的冷落。

所以，大家都和睦相处。

恐惧总是陪伴着人们。谁要是得不到园中果实中应得的份额，又该怎么办呢？

深夜，在小镇的狭窄街巷里，人们低声讲述着情节模糊的往事，讲述那些敢于提出问题的男男女女。

这些男男女女后来走了，再也没有回来。

另一些人曾试图攀登挡住太阳的岩石高墙。

但他们陈尸石崖脚下，白骨累累。

日月流逝，年复一年。

在宁静的无知山谷里，人们过着幸福的生活。

外面是一片漆黑，一个人正在爬行。

他手上的指甲已经磨破。

他的脚上缠着破布，布上浸透着长途跋涉留下的鲜血。

他跌跌撞撞地来到附近一间草房，敲了敲门。

接着他昏了过去。借着颤动的烛光，他被抬上一张吊床。

到了早晨，全村都已知道："他回来了。"

邻居们站在他的周围，摇着头。他们明白，这样的结局是注定的。

对于敢于离开山脚的人，等待他的是屈服和失败。

在村子的一角，守旧老人摇着头，低声倾吐着恶狠狠的词句。

他们并不是天性残忍，但律法毕竟是律法。他违背了守旧老人的意愿，犯了弥天大罪。

他的伤一旦治愈，就必须接受审判。

守旧老人本想宽大为怀。

他们没有忘记他母亲的那双奇异闪亮的眸子，也回忆起他父亲三十年前在沙漠里失踪的悲剧。

不过，律法毕竟是律法，必须遵守。

守旧老人是它的执行者。

守旧老人把漫游者抬到集市区，人们毕恭毕敬地站在周围，鸦雀无声。

漫游者由于饥渴，身体还很衰弱，老者让他坐下。

他拒绝了。

他们命令他闭嘴。

但他偏要说话。

他把脊背转向老者，两眼搜寻着不久以前还与他志同道合的人。

“听我说吧，”他恳求道，“听我说，大家都高兴起来吧！我刚从山的那边来，我的脚踏上了新鲜的土地，我的手感觉到了其他民族的抚摸，我的眼睛看到了奇妙的景象。

小时候，我的世界只是父亲的花园。

早在创世的时候，花园东面、南面、西面和北面的疆界就定下来了。

只要我问疆界那边藏着什么，大家就不住地摇头，一片嘘声。可我偏要刨根问底，于是他们把我带到这块岩石上，让我看那些敢于蔑视上帝的人的粼粼白骨。

‘骗人！上帝喜欢勇敢的人！’我喊道。于是，守旧老人走过来，对我读起他们的圣书。他们说，上帝的旨意已经决定了天上人间万物的命运。山谷是我们的，由我们掌管，野兽和花朵，果实和鱼虾，都是我们的，按我们的旨意行事。但山是上帝的，对山那边的事物我们应该一无所知，直到世界的末日。

他们是在撒谎。他们欺骗了我，就像欺骗了你们一样。

那边的山上有牧场，牧草同样肥沃，男男女女有同样的血肉，城市是经过一千年能工巧匠细心雕琢的，光彩夺目。

我已经找到一条通往更美好的家园的大道，我已经看到幸福生活的曙光。跟我来吧，我带领你们奔向那里。上帝的笑容不只是在这儿，也在其他地方。”

他停住了，人群里发出一声恐怖的吼叫。

“亵渎，这是对神圣的亵渎。”守旧老人叫喊着。“给他的罪行以应有的惩罚吧！他已经丧失理智，胆敢嘲弄一千年前定下的律法。他死有余辜！”

人们举起了沉重的石块。

人们杀死了这个漫游者。

人们把他的尸体扔到山崖脚下，借以警告敢于怀疑祖先智慧的人，杀一儆百。

没过多久，爆发了一场特大干旱。潺潺的知识小溪枯竭了，牲畜因干渴而死去，粮食在田野里枯萎，无知山谷里饥声遍野。

不过，守旧老人并没有灰心。他们预言说，一切都会转危为安，至少那些最神圣的篇章是这样写的。

况且，他们已经很老了，只要一点儿食物就足够了。

冬天降临了。

村庄里空荡荡的，人稀烟少。

半数以上的人由于饥寒交迫已经离开人世。活着的人把唯一的希望寄托在山脉那边。

但是律法却说，“不行！”

律法必须遵守。

一天夜里爆发了叛乱。

失望把勇气赋予那些由于恐惧而逆来顺受的人们。

守旧老人无力地抗争着。

他们被推到一旁，嘴里还抱怨自己的命运不济，诅咒孩子们忘恩负义。最后一辆马车驶出村子时，他们叫住了车夫，强迫他把他们带走。

这样，投奔陌生世界的旅程开始了。

离那个漫游者回来的时间，已经过了很多年，所以要找到他开辟的道路并非易事。

成千上万人死了，人们踏着他们的尸骨，才找到第一座用石子堆起的路标。

此后，旅程中的磨难少了一些。

那个细心的先驱者已经在丛林和无际的荒野乱石中用火烧出了一条宽敞大道。

它一步一步把人们引到新世界的绿色牧场。

大家相视无言。

“归根结底他是对了，”人们说道。“他对了，守旧老人错了。”

“他讲的是实话，守旧老人撒了谎……”

“他的尸首还在山崖下腐烂，可是守旧老人却坐在我们的车里，唱那些老掉牙的歌。”

“他救了我们，我们反倒杀死了他。”

“对这件事我们的确很内疚，不过，假如当时我们知道的话，当然就……”

随后，人们解下马和牛的套具，把牛羊赶进牧场，建造起自己的房屋，规划自己的土地。从这以后很长时间，人们又过着幸福的生活。

几年以后，人们建起了一座新大厦，作为智慧老人的住宅，并准备把勇敢先驱者的遗骨埋在里面。

一支肃穆的队伍回到了早已荒无人烟的山谷。但是，山脚下空空如也，先驱者的尸首荡然无存。

一只饥饿的豺狗早已把尸首拖入自己的洞穴。

人们把一块小石头放在先驱者足迹的尽头（现在那已是一条大道），石头上刻着先驱者的名字，一个首先向未知世界的黑暗和恐怖挑战的人的名字，他把人们引向了新的自由。

石头上还写明，它是由前来感恩朝礼的后代所建。

这样的事情发生在过去，也发生在现在，不过将来（我们希望）这样的事不再发生了。

米开朗琪罗传（节选）

[法] 罗曼·罗兰

作者简介

罗曼·罗兰（1866—1944），法国著名思想家、文学家、批判现实主义作家，1913 年获法兰西院文学奖，1915 年获诺贝尔文学奖。他的一生都在为争取人类的自由和民主而斗争，为人类进步事业做出了巨大的贡献。

内容简介

本文选自法国著名作家罗曼·罗兰于 1906 年完成的一部关于米开朗琪罗的传记，该传记分上下篇，上篇《搏斗》，下篇《舍弃》。米开朗琪罗是无与伦比的画家、雕塑家和建筑设计师。本文讲述了米开朗琪罗一生的经历。

名篇节选

在翡冷翠的国家美术馆中，有一座被米开朗琪罗称为《胜利者》的白石雕像。这是一个裸露的青年，生成美丽的躯体，低低的额上垂覆着卷曲的头发。昂昂地站着，他的膝盖踞曲在一个胡髭满面的囚人背上，囚人蜷伏着，头伸向前面，如一匹牛。可是胜利者并不注视他。即在他的拳头将要击下去的一刹那，他停住了，满是沉郁之感的嘴巴和犹豫的目光转向别处去了。手臂折转去向着肩头，身子往后仰着，他不再要胜利，胜利使他厌恶。他已征服了，但亦被征服了。

这幅英雄的惶惑之像，这个折了翅翼的胜利之神，在米开朗琪罗全部作品中是永留在工作室中的唯一的作品，以后，达涅尔・特・沃尔泰雷想把它安置在米氏墓上——它即是米开朗琪罗自己，是他全生涯的象征。

痛苦是无穷的，它具有种种形式。有时，它是由于物质的凌虐，如灾难、疾病、命运的褊枉、人类的恶意。有时，它即蕴藏在人的内心。在这种情境中的痛苦，是同样的可悯，同样的无可挽救。因为人不能自己选择他的人生，人既不要求生，也不要求成为他所成为的样子。

米开朗琪罗的痛苦，即是这后一种。他强有力，他生来便是为战斗、为征服的人，而且他居然征服了。可是，他不要胜利，他所要的并不在此。真是哈姆莱特式的悲剧呀！富有英雄的天才而没有实现的意志；富有专断的热情而并无奋激的愿望，这是多么悲痛的矛盾！

人们可不要以为我们在许多别的伟大之外，在此更发现一桩伟大！我们永远不会说是因为一个人太伟大了，世界于他才显得不够。精神的烦闷并非伟大的一种标识。即在一般伟大的人物，缺少生灵与万物之间、生命与生命律令之间的和谐并不算是伟大，却是一桩弱点——为何要隐蔽这弱点呢？最弱的人难道是最不值得人家爱恋吗？——他正是更值得爱恋，因为他对于爱的需求更为迫切。我绝不会造成不可企及的英雄范型。我恨那懦怯的理想主义，它只教人不去注视人生的苦难和心灵的弱点。我们当和太容易被梦想所欺骗的民众说：英雄的谎言只是懦怯的表现。世界上只有一种英雄主义，便是注视世界的真面目，并且爱世界。

我在此所要叙述的悲剧，是一种与生俱来的痛苦，从生命的核心中发出的，它毫无间歇地侵蚀生命，直到把生命完全毁灭为止。这是巨大的人类中最显著的代表之一，一千九百余年来，我们的西方充塞着他的痛苦与信仰的呼声，这代表便是基督徒。

将来，有一天，在多少世纪的终极——如果我们尘世的事迹还能保存于人类记忆中的话——会有一天，那些生存的人们，对于这个消逝的种族，会倚凭在他们堕落的深渊旁边，好似但丁俯在地狱第八层的火坑之旁那样，充满着惊叹、厌恶与怜悯。

但对于这种又惊又佩又恶又怜的感觉，谁还能比我们感受得更真切呢？因为我们自幼便渗透这些悲痛的情操，便看到最亲爱的人们相斗，我们一向识得这基督教悲观主义的苦涩而又醉人的味道，我们曾在怀疑踌躇的辰光，费了多少力量，才止住自己不致和旁人一样堕入虚无的幻象中去。

神呀！永生！这是一般在此世无法生存的人们的荫庇！信仰，往往只是人生对于前途的不信仰，只是对于自己的不信仰，只是缺乏勇气与欢乐！啊！信仰！你的苦痛的胜利，是由多少的失败造成的呢！

基督徒们，为了这，我才爱你们，为你们抱憾。我为你们怨叹，我也叹赏你们的悲愁。你们使世界变得凄惨，又把它装点得更美。当你的痛苦消除的时候，世界将更加枯索了。在这满足卑怯之徒的时代——在苦痛前面发抖，大声疾呼地要求他们幸福，而这幸福往往便是别人的灾难——我们应当敢于正视痛苦，尊敬痛苦！欢乐固然值得颂赞，痛苦亦何尝不值得颂赞！这两位是姊妹，而且都是圣者。她们是力，是生，是神。凡是不能兼爱欢乐与痛苦的人，便是既不爱欢乐，亦不爱痛苦。凡能体味她们的，方懂得人生的价值和离开人生时的甜蜜。

百年孤独（节选）

［哥伦比亚］马尔克斯

作者简介

加夫列尔·加西亚·马尔克斯（1927—2014）是哥伦比亚作家、记者和社会活动家，拉丁美洲魔幻现实主义文学的代表人物。1982 年诺贝尔文学奖得主。其代表作有《百年孤独》《霍乱时期的爱情》等。

内容简介

本书是魔幻现实主义文学的代表作，描写了小镇马贡多的产生、兴盛至衰落。通过布恩迪亚家族七代人的传奇故事，以及加勒比海沿岸小镇马孔多的百年兴衰，反映了拉丁美洲一个世纪以来风云变幻的历史。

名篇节选

多年以后，奥雷连诺上校站在行刑队面前，准会想起父亲带他去参观冰块的那个遥远的下午。当时，马孔多是个二十户人家的村庄，一座座土房都盖在河岸上，河水清澈，沿着遍布石头的河床流去，河里的石头光滑、洁白，活像史前的巨蛋。

这块天地还是新开辟的，许多东西都叫不出名字，不得不用手指指点点。每年三月，衣衫褴褛的吉卜赛人都要在村边搭起帐篷，在笛鼓的喧嚣声中，向马孔多的居民介绍科学家的最新发明。他们首先带来的是磁铁。一个身躯高大的吉卜赛人，自称梅尔加德斯，满脸络腮胡子，手指瘦得像鸟的爪子，向观众出色地表演了他所谓的马其顿炼金术士创造的世界第八奇迹。他手里拿着两大块磁铁，从一座农舍走到另一座农舍，大家都惊异地看见，铁锅、铁盆、铁钳、铁炉都从原地倒下，木板上的钉子和螺丝嘎吱嘎吱地拼命想挣脱出来，甚至那些早就丢失的东西也从找过多次的地方兀然出现，乱七八糟地跟在梅尔加德斯的魔铁后面。“东西也是有生命的，”吉卜赛人用刺耳的声调说，“只消唤起它们的灵性。”霍·阿·布恩蒂亚狂热的想象力经常超过大自然的创造力，甚至越过奇迹和魔力的限度，他认为这种暂时无用的科学发明可以用来开采地下的金子。

梅尔加德斯是个诚实的人，他告诫说：“磁铁干这个却不行。”可是霍·阿·布恩蒂亚当时还不相信吉卜赛人的诚实，因此用自己的一匹骡子和两只山羊换下了两块磁铁。

后来，吉卜赛人又来了。他们带来的是一架望远镜和一只大小似鼓的放大镜，说是阿姆斯特丹犹太人的最新发明。他们把望远镜安在帐篷门口，而让一个吉卜赛女人站在村子尽头。花五个里亚尔，任何人都可从望远镜里看见那个仿佛近在咫尺的吉卜赛女人。“科学缩短了距离。”梅尔加德斯说，“在短时期内，人们足不出户，就可看到世界上任何地方发生的事儿。”在一个炎热的晌午，吉卜赛人用放大镜作了一次惊人的表演：他们在街道中间放了一堆干草，借太阳光的焦点让干草燃了起来。磁铁的试验失败之后，霍·阿·布恩蒂亚还不甘心，马上又产生了利用这个发明作为作战武器的念头。梅尔加德斯又想劝阻他，但他终于同意用两块磁铁和三枚殖民地时期的金币来交换放大镜。乌苏娜伤心得流了泪。这些钱是从一盒金币中拿出来的，那盒金币由她父亲一生节衣缩食积攒下来，她一直把它埋藏在自个儿床下，想在适当的时刻使用。霍·阿·布恩蒂亚无心抚慰妻子，他以科学家的忘我精神，甚至冒着生命危险，一头扎进了作战试验。他想证明用放大镜对付敌军的效力，就把阳光的焦点射到自己身上，因此受到灼伤，伤处溃烂，很久都没痊愈。这种危险的发明把他的妻子吓坏了，但他不顾妻子的反对，有一次甚至准备点燃自己的房子。霍·阿·布恩蒂亚待在自己的房间里总是一连几个小时，计算新式武器的战略威力，甚至编写了一份使用这种武器的《指南》，阐述异常清楚，论据确凿有力。他把这份《指南》连同许多试验说明和几幅图解，请一个信使送给政府。

这个信使翻过山岭，涉过茫茫苍苍的沼地，游过汹涌澎湃的河流，冒着死于野兽和疫病的危险，终于到了一条驿道。当时前往首都尽管是不大可能的，霍·阿·布恩蒂亚还是答应，只要政府一声令下，他就去向军事长官们实际表演他的发明，甚至亲自训练他们掌握太阳战的复杂技术。他等待答复等了几年。最后等得厌烦了，他就为这新的失败埋怨梅尔加德斯，于是吉卜赛人令人信服地证明了自己的诚实：他归还了金币，换回了放大镜，并且给了霍·阿·布恩蒂亚几幅葡萄牙航海图和各种航海仪器。在雨季的漫长月份里，霍·阿·布恩蒂亚把自己关在宅子深处的小房间里，不让别人打扰他的试验。他完全抛弃了家务，整夜整夜待在院子里观察星星的运行。为了找到子午线的确定方法，他差点儿中了暑。他完全掌握了自己的仪器以后，就设想出了空间的概念，今后，他不走出自己的房间，就能在陌生的海洋上航行，考察荒无人烟的土地，并且跟珍禽异兽打上了交道。正是从这个时候起，他养成了自言自语的习惯，在屋子里踱来踱去，对谁也不答理，而乌苏娜和孩子们却在菜园里忙得喘不过气来，照料香蕉和海芋、木薯和山药、南瓜和茄子。可是不久，霍·阿·布恩蒂亚紧张的工作突然停辍，他陷入一种神魂颠倒的状态。好几天，他仿佛中了魔，总是低声地嘟嚷什么，并为自己反复斟酌的各种假设感到吃惊，自己都不相信。最后，在十二月里的一个星期，吃午饭的时候，他忽然一下子摆脱了恼人的疑虑。孩子们至死都记得，由于长期熬夜和冥思苦想而变得精疲力竭的父亲，如何扬扬得意地向他们宣布自己的发现：

“地球是圆的，像橙子。”

乌苏娜失去了耐心，“如果你想发癫，你就自个儿发吧！”她嚷叫起来，“别给孩子们的脑瓜里灌输古卜赛人的胡思乱想。”霍·阿·布恩蒂亚一动不动，妻子气得把观像仪摔到地上，也没有吓到他。他另做了一个观像仪，并且把村里的一些男人召到自己的小房间里，根据在场的人谁也不明白的理论，向他们证明说，如果一直往东航行，就能回到出发的地点。马孔多的人以为霍·阿·布恩蒂亚疯了，可是梅尔加德斯回来之后，马上消除了大家的疑虑。他大声地赞扬霍·阿·布恩蒂亚的智慧：光靠观像仪的探测就证实了一种理论，这种理论虽是马孔多的居民至今还不知道的，但实际上早就证实了。梅尔加德斯为了表示钦佩，赠给霍·阿·布恩蒂亚一套东西——炼金试验室设备，这对全村的未来将会产生深远的影响。

这时，梅尔加德斯很快就衰老了。这个吉卜赛人第一次来到村里的时候，仿佛跟霍·阿·布恩蒂亚同样年岁。可他当时仍有非凡的力气，揪住马耳朵就能把马拉倒，现在他却好像被一些顽固的疾病折磨坏了。确实，他衰老的原因是他在世界各地不断流浪时得过各种罕见的疾病，帮助霍·阿·布恩蒂亚装备试验室的时候，他说死神到处都紧紧地跟着他，可是死神仍然没有最终决定要他的命，从人类遇到的各种瘟疫和灾难中，他幸存下来了。然而，尽管他无比聪明和神秘莫测，他终归是有血有肉的人，摆脱不了人世间日常生活的烦恼和忧虑。他抱怨年老多病，苦于微不足道的经济困难，早就没有笑容，因为坏血病已使他的牙齿掉光了。吉卜赛人的神奇故事使得孩子们感到惊讶。当时不过五岁的奥雷连诺一辈子都记得，梅尔加德斯坐在明晃晃的窗子跟前，身体的轮廓十分清晰，他那风琴一般低沉的声音透进了最暗的幻想的角落；而他的两鬓却流着汗水，仿佛暑热熔化了的脂肪。奥雷连诺的哥哥霍·阿卡蒂奥，将这个惊人的形象当作留下的回忆传给他所有的后代。至于乌苏娜，恰恰相反，吉卜赛人的来访给她留下了最不愉快的印象，因为她跨进房间的时候，正巧梅尔加德斯不小心打碎了一瓶升汞。

“这是魔鬼的气味。”她说。

“根本不是，”梅尔加德斯纠正她，“别人证明魔鬼只有硫黄味，这儿不过是一点点升汞。”

接着，他用同样教诲的口吻大谈特谈朱砂的特性。乌苏娜对他的话没有任何兴趣，就带着孩子祈祷去了。后来，这种刺鼻的气味经常使她想起梅尔加德斯。

吉卜赛人回来的时候，乌苏娜唆使全村的人反对他们，可是好奇战胜了恐惧，因为吉卜赛人奏着各式各样的乐器，闹嚷嚷地经过街头，他们的宣传员说是要展出纳希安兹人最神奇的发明。大家都到吉卜赛人的帐篷去，花一分钱，就可看到返老还童的梅尔加德斯——身体康健，没有皱纹，满口漂亮的新牙。有些人还记得他坏血病毁掉的牙床、凹陷的面颊、皱巴巴的嘴唇，一见吉卜赛人神通广大的最新证明，都惊得发抖。接着，梅尔加德斯从嘴里取出一副完好的牙齿，刹那间又变成往日那个老朽的人，并且拿这副牙齿给观众看了一看，然后又把它装上牙床，微微一笑，似乎重新恢复了青春，这时大家的惊愕却变成了狂欢。甚至霍·阿·布恩蒂亚本人也认为，梅尔加德斯的知识到了不大可能达到的极限，可是当吉卜赛人单独向他说明假牙的构造时，他的心也就轻快了，高兴得放声大笑。霍·阿·布恩蒂亚觉得这一切既简单又奇妙，第二天他就完全失去了对炼金术的兴趣，陷入了沮丧状态，不再按时进餐，从早到晚在屋子里踱来踱去。"世界上正在发生不可思议的事，"他向乌苏娜唠叨，"咱们旁边，就在河流对岸，已有许多各式各样神奇的机器，可咱们仍在这儿像蠢驴一样过日子。"马孔多建立时就了解他的人都感到惊讶，在梅尔加德斯的影响下，他的变化多大啊！

从前，霍·阿·布恩蒂亚好像一个年轻的族长，经常告诉大家如何播种，如何教养孩子，如何饲养家畜。他跟大伙儿一起劳动，为全村造福。布恩蒂亚家的房子是村里最好的，其他的人都力求像他一样建筑自己的住所。他的房子有一个敞亮的小客厅、摆了一盆盆鲜花的阳台餐室和两间卧室，院子里栽了一棵挺大的栗树，房后是一座细心照料的菜园，还有一个畜栏，猪、鸡和山羊在栏里和睦相处。他家里禁养斗鸡，全村也都禁养斗鸡。

乌苏娜像丈夫一样勤劳。她是一个严肃、活跃和矮小的女人，意志坚强，大概一辈子都没唱过歌，每天从黎明到深夜，四处都有她的踪影，到处都能听到她那浆过的荷兰亚麻布裙子轻微的沙沙声。多亏她勤于照料，夯实的泥土地面、粗糙的自制木器，经常都是干干净净的，而保存衣服的旧箱子还散发出紫苏轻淡的芳香。

霍·阿·布恩蒂亚是村里最有事业心的人，他指挥建筑的房屋，每家的主人到河边去取水都同样方便。他合理设计的街道，每座住房白天最热的时刻都能得到同样的阳光。建村之后过了几年，马孔多已经成了一个最整洁的村子，这是跟全村三百个居民过去住过的其他一切村庄都不同的。这是一个真正幸福的村子，在这村子里，谁也没有超过三十岁，也还没有死过一个人。

建村的时候，霍·阿·布恩蒂亚开始制作套索和鸟笼。很快，他自己和村中其他的人家都养了金莺、金丝雀、蜂虎和知更鸟。许多各式各样的鸟儿不断地叽叽喳喳，乌苏娜生怕自己震得发聋，只好用蜂蜡把耳朵塞上。梅尔加德斯一伙人第一次来到马孔多出售玻璃球头痛药时，村民们根本就不明白这些吉卜赛人如何能够找到这个小小的村子，因为这个村子是隐没在辽阔的沼泽地带的。吉卜赛人说，他们来到这儿是由于听到了鸟的叫声。

当一切入睡

【法国】雨果

作者简介

维克多·雨果（1802—1885），法国作家，十九世纪前期积极浪漫主义文学的代表作家，人道主义的代表人物，被人们称为“法兰西的莎士比亚”。代表作品有《巴黎圣母院》《九三年》《悲惨世界》等。

内容简介

此诗是法国著名作家雨果于1856年创作的现代诗，本诗选自《秋叶集》，表现了诗人内心与宇宙的交流，抒发了对宇宙之美崇高的礼赞。

名篇节选

当一切入睡，我常兴奋地独醒，
仰望繁星密布熠熠燃烧的穹顶，
我静坐着倾听夜声的和谐。
时辰的鼓翼没打断我的凝思，
我激动地注视这永恒的节日——
光辉灿烂的天空把夜赠给世界。

我总相信，在沉睡的世界中，
只有我的心为这千万颗太阳激动，
命运注定，只有我能对它们理解。
我，这个空幻、幽暗、无言的影像，
在夜之盛典中充当神秘之王，
天空专为我一人而张灯结彩！

论智能（节选）

［美］爱默生

作者简介

拉尔夫·沃尔多·爱默生（1803—1882）是一位在波士顿出生的美国人。他是一位思想家、文学家，也是一位诗人。爱默生被称为“美国的孔子”和“美国文明之父”。他文学上的成就主要体现在散文和诗歌上。

内容简介

本文选自《爱默生随笔》，他所强调的人的自助的理念，在今天仍具有一定的指导意义。本文用简单易懂的文字论述了智能的发展及养成，论述了“建设性智能”的重要性，体现了“爱默生式风格”。

名篇节选

在化学元素周期表中，每一种物质相对排列在它上面的物质来说带有负电荷，对排列在它下面的物质来说带有正电荷。水溶解铁、盐，空气中包含水，电火又蒸发空气，但是智能以它不可抵挡的溶剂溶解了火、重力、法则、方法和自然中最莫名的各种现象。智能不被人轻易看见，它隐藏在天才的背后，天才是建设性的智能。智能是早于行动和建设的一种简单的能力。我愿意展示智能的历史，然而什么样的人能够标明智能所拥有的透明本质的进程和界限呢？人们总是先问简单的问题，但最聪明的医生也可能被不通世事的孩子问倒。既然心灵的活动把意志融入感知，把感知融入行动中，那我们如何分门别类地把它归结为心灵的知识、心灵的道德、心灵的工程呢？当一个转变变成了另外一个，智能本身仍然单独存在着。心灵的视力不像眼睛的视力，而是和已知的事物连为一体的。

智能和智能活动向普通听觉表示了对抽象真理的考虑、对时间和地点的考虑、对你和对我的考虑、对益处和对害处的考虑，压抑着大多数人的心灵。智能将你和所考虑到的问题予以区分，将所有地方的和人的关系区分开，了解事实，就好像它只是为自身的原因而存在似的。赫拉克利特把感情看作是彩色的浓雾。在善与恶的感情的雾里，人们很难顺着直线走。智能没有感情的色彩，而是以冷静而超脱、更科学的眼光看待存在的事物。智能和人无关，荡涤了人的人格，它只是一件事实而不是我或我的。如果谁陷入和人或地有关的事物中，那么他就无法看清眼前的问题。而这正是智能一直在考虑的问题。自然展示出可感可知的万物，智能可以把一切形式上的东西看穿，能发现相距遥远的事物之间的千丝万缕的内在相似，把万物归纳为寥寥数个原理。

智能在每一次扩展中的增长都是自发的。即使强有力的心灵也无法预言那种自发的次数、方式和形式。上帝只让每一个人进进出出一个门。在反思的时代开始很久以前，心灵就在思考。心灵走出黑暗，不知不觉地进入今天的神奇的光芒中。在还是儿童时代，人的心灵就按照自己的方式从旁边的创造中去接受并处理所有的形象。在心灵进行反思或思考之后，这种固有的法则依然制约着它。在最困乏、最迂腐、最内向的自己折磨自己的一生中，绝大部分都是无法估计、无法预见、无法想象的。而且必须这样，除非人能提着自己的耳朵把自己拉起来。我是谁？我的意志都做了些什么，使我成为这个样子？谁也不是，什么也没做。在这个时候，这种事情的关系，我的机智和任性都没有进行阻挠或帮助，力量和心灵的暗流把我带进这种思想里。

每一个人都有自己的方式，一个真正的人从来不照搬大学的教条，用一种自然的方式所聚集起来的东西，一旦展示给大家，那就会令人惊喜交集。因为我们无法得知彼此的秘密，所以人的天赋方面的差异和他们共有的财富是无法相提并论的。难道苦力和杂役对你来说就没有什么逸闻趣事，没有经历，没有奇迹？其实每个人的经历都和专家大师一样多。就算是再粗枝大叶的人，他心灵的墙壁上都会涂满事实和思想，总有一天会有人打着灯笼照着看的。每个人有多少程度的智慧和文化，就表明他对别人的生活方式和思维方式有多大程度的兴趣，尤其是对那些还没有被学校的教育方式束缚的心灵。

这种本能的活动其实在一颗健康的心灵中是永不停息的，而且通过各种文化形态在信息方面变得更加丰富和频繁的。我们不仅要观察，还要费劲地去观察；我们有意考虑一种抽象的真理，睁开眼睛去交流、阅读，一心去了解某一类事实的神秘法则，这时候就迎来了反思的时代。

世界最艰巨的任务是什么？思考。要我摆出一副死盯着抽象真理的架势，我办不到。不是在这方面，就是在另一方面我总会退缩不前。有人说，没有人能够面对上帝，和他面对面地生活。我似乎也明白了说这话的意思。比如，一个人专注于文人政府，他心无旁骛，但他长期的关注并没有任何用处。然而思想在他脑海里不断涌现，我们只是去理解罢了，朦朦胧胧地预感到这是某种真理。我们说，我们要出去走走，真理就会在我们的眼里逐渐趋于清晰化。我们走出后，却找不到真理，仿佛我们仅仅需要图书馆的静思才能捕捉到这些真理似的。然而当我们回来时，发现还是距离真理很遥远。后来，突然之间，真理又出现了，某种难以捉摸的光出现了，那正是我们原来需要的性质和法则。仿佛智能的法则与我们现在赖以呼吸、心脏赖以跳动的那种自然法则相类似。所以，现在人们必须用头脑去劳动，现在必须克制自己的活动，去看看伟大的心灵在昭示着什么。

我们都很聪明。人和人之间的差异不在智慧上，而是在技艺上。我曾在一个学术性的论坛上结识一个人。他对我总是唯唯诺诺，言听计从。他知道我爱好写作，便以为我的经历总是有惊世骇俗之处，其实我认为他的经历和我并无二致，我同样可以借鉴他的经验。他过去是抓旧的，现在抓新的。而我却有把旧的新的糅合在一起的习惯，但他却从未这样做过。这一点在适逢重大事件中同样可以适用。也许，如果我们遇到莎士比亚，我们也不要自惭形秽，不，而应该有一种不卑不亢的态度——只不过这些作家有一种技巧，能利用、能编造他的故事而已，而这一点正是我们所缺乏的。因为，尽管我们完全不具备再创造出《哈姆雷特》和《奥赛罗》那样的不朽之作的能力，但是看看这种机智、这种人生的广博知识、这种滔滔不绝的雄辩在我们大家身上是会受到极大欢迎的。

我们明白，建设性的智能——一般称之为“天才”——和感受性智能一样也有两种因素的平衡。建设性智能产生思想、警句、诗歌、计划、设计、体系。它是心灵产生思想和天性的结合。天才必须具备两种特性：思想和名声。第一种是奇迹，多次的出现或不断的研究都无法了解它。它总是让探究者感到惊奇，让他们感到不知所措。它就是真理降临世界，现在是一种第一次进入宇宙的思想，是古老的、永恒的灵魂的一个孩子，是一片真正的无限的伟大。它好像要继承一切已经存在的东西，要指明尚未诞生的东西。它影响了人的每一种思想，并去改革每一种制度。然而，使之可行，那就需要一种能把它传给人的工具或艺术。为了使之能够被传授，它就必须转化成图像或者可以感觉到的物体。我们必须学习语言。如果主体无法把灵感向感官描绘出来的话，即使是最神奇的灵感也会和它们的主体一起消亡。当精神力量被吸引到外在的事物时，它就成了一种思想。它和你之间的关系第一次使得你和所信奉的价值变得明朗起来。画家创造的天才是因为如果缺乏绘画才能就会被窒息遗忘，在我们快乐得失后，一旦我们打破了沉默，把握准确的界周，我们就应该是胸有成竹的诗人。所有人都可以掌握初级的真理，这样一来，大家的头脑里就有某种交流的艺术和能力。然而，只有在艺术家的身上，它才被传入手中。就这种能力而言，两个人之间、同一个人不同的时刻之间，都不是等同视之的，其中我们还有很多法则不明其详。我们所知道的事实在平常时候和在非凡或灵感来的时候是不变的，然而，它不是坐下来等着给它画像的。它们不是单独存在，而是存在于一个错综复杂的系统里。天才的思想是自发的，然而绘画或表达的能力在最丰富和流淌的天性中，蕴含着一种意志的混合物，一种对自发的控制状态，如果没有这一点，任何创作都是徒然的。这就等于把所有的天性都转变成为思想的精辟论断并加以运用和选择。

表现想象的词汇似乎也是自发的。它不是完全或主要从经验中诞生的，而是来自一个更丰富的源头。画家如椽的大笔不是去有意识地模仿，而是向往作者心灵中各种形态的缘由。谁是第一个绘画大师？我们对人体非常熟悉，就连一个小孩子都知道在一幅画中，是否胳膊或腿被歪曲了，姿势是否自然端庄，虽然小孩子从来没有经过专业的绘画方面的训练，也没有听过有关这方面的讲课，也不会正确无误地画出一个鼻子或眼睛。尽管都远远不具备专门知识，尽管谁也都不去考虑五官和头部的比例，但一个美好的体形都会让大家赏心悦目，一张美丽的脸会使大家怦然心动。我们也许因为梦的缘故而了解这种技巧的源泉，因为我们如果一意孤行，无意识的念头就会接踵而来，这时候，我们就成为巧妙的制图员。我们通过男人、女人、动物、花园、树林、神怪等形象来娱乐。我们那支神奇的用来绘画的笔既不笨拙又不生疏，既不虚幻又不夸张，它能合理设计、巧妙安排，它的构图非常讲究，着色也浓淡有致，它所绘画出来的图画栩栩如生，让我们内心充满了恐惧、温情、渴望、悲痛。艺术家的临摹也不是单纯地模仿，而是为精神中涌动的色彩所触动、所感化。

建设性的心灵不能缺少的各种条件似乎一旦结合起来，一篇精彩的文章或一首优美的诗歌就会让人永远记忆犹新。但是，我们随意泼墨，并且进入自由创作的空间中时，我们似乎认为，再没有比将这种随意的交流进行下去更为容易的了。在思想的王国里，前后左右都有一堵围墙，缪斯却让我们自由进入她的领域。啊，世界上的作家何止千万。一个人往往认为杰出的思想就像空气和水一样平常，每一个新涌现的才能会把旧才能排斥在外。然而，我可以把我们所有的好书算一算，不，我们可以把任何一首优美的诗歌牢记二十年。是的，世界上的辨识智能总是比创造智能先进得多，所以最好的书也有许多高明的评论家，而能写出最优秀的作品的人却凤毛麟角。但是,出现建设性的智能的条件却难得一见，智能是一个整体，要求每一项组成部分都是完整的，如果一个人专注于一个思想，或者野心勃勃，试图结合过多的思想，反而不会做到完美。

歌德谈话录（节选）

[德]爱克曼

作者简介

爱克曼（1792—1854），他是《歌德谈话录》的作者。1823 年，他将自己对歌德短诗的研究成果——《论诗，特别引歌德为证》寄给歌德，使歌德为他的求学态度深深感动。后来他成为了歌德的助手。

内容简介

《歌德谈话录》是直接参与了歌德晚年创作的爱克曼辑录的关于歌德的言论、思想和活动的集子，直接反映了歌德的精神实质，也是我们阅读歌德、理解歌德最便捷的途径。

名篇节选

1828年3月11日（论天才和创造力的关系，天才多半表现于青年时代）

……

今天饭后我在歌德面前显得不很自在，不很活泼，使他感到不耐烦。他不禁带着讽刺的神气向我微笑，还开玩笑说："你成了第二个项狄，有名的特利斯川的父亲啦。他有半生的光阴都因为房门吱吱嘎嘎地响而感到烦恼，却下不定决心在门轴上抹上几滴油，来消除这种每天都碰到的干扰。(《特利斯川·项狄》是英国作家斯泰恩写的一部著名的长篇小说，主角的父亲是个典型的脾气坏而心地善良的古怪人。)

"不过我们一般人都是这样。一个人精神的阴郁和爽朗就形成了他的命运！我们总是每天都需要护神牵着走，每件事都要他催促和指导。只要这位精灵丢开我们，我们就不知所措，只有在黑暗中摸索了。"

"在这方面拿破仑真了不起！他一向爽朗，一向英明果断，每时每刻都精神饱满，只要他认为有利和必要的事，他说干就干。他一生就像一个迈大步的半神，从战役走向战役，从胜利走向胜利。可以说，他的心情永远是爽朗的。因此，像他那样光辉灿烂的经历是前无古人的，也许还会后无来者。"

"对呀，好朋友，拿破仑是我们无法模仿的人物啊。"

……

歌德关于拿破仑的一番话引起我的深思默想，于是我设法就这个题目谈下去。我说："我想拿破仑是在少年时代精力正在上升的时期，才不断地处在那样爽朗的心情中，所以我们看到当时仿佛有神在保佑他，他一直在走好运。他晚年的情况却正相反，爽朗精神仿佛已抛弃了他，他的好运气和他的护星也就离开他了。”

歌德回答说：“你想那有什么办法！就拿我自己来说吧，我也再写不出我的那些恋歌和《维特》了。我们看到，创造一切非凡事物的那种神圣的爽朗精神总是同青年时代和创造力联系在一起的。拿破仑的情况就是如此，他就是我从来没有见过的最富于创造力的人。”

“对了，好朋友，一个人不一定要写诗歌、戏剧才显出富于创造力。此外还有一种事业方面的创造力，在许多事例中意义还更为重要。医生想医好病，也得有创造力。如果没有，他只能碰运气，偶尔医好病。一般地说，他只是一个江湖医生。”

我插嘴说：“看来你在这里是把一般人所谓的‘天才’（genie）叫作创造力。”

歌德回答说：“天才和创造力很接近。因为天才到底是什么呢？它不过是成就见得上帝和大自然的伟大事业的那种创造力，因此天才这种创造力是产生结果的，长久起作用的。莫扎特的全部乐曲就属于这一类，其中蕴藏着一种生育力，一代接着一代地发挥作用，取之不尽，用之不竭。”

“我还应补充一句，看一个人是否富于创造力，不能只凭他的作品或事业的数量。在文学领域里，有些诗人被认为富于创造力，因为诗集一卷接着一卷地出版。但是依我的看法，这种人应该被看作最无创造力的，因为他们写出来的诗既无生命，又无持久性。反之，哥尔德斯密斯写的诗很少，在数量上不值得一提，但我还是要说他是最富于创造力的，正是因为他的少量诗有内在的生命，而且还会持久。”

谈话停了一会儿，歌德在房子里踱来踱去，我很想他就这个重要题目再谈下去，因此设法引他再谈，就问他：“这种天才的创造力是单靠一个重要人物的精神，还是也要靠身体呢？”

歌德回答说："身体对创造力至少有极大的影响。过去有过一个时期，在德国人们常把天才想象为一个矮小瘦弱的驼子。但是我宁愿看到一个身体健壮的天才。"

"人们常说拿破仑是个花岗石做的人，这也是主要就他的身体来说的。有什么艰难困苦拿破仑没有经历过！从火焰似的叙利亚沙漠到莫斯科的大雪纷飞的战场，他经历过无数次的行军、血战和夜间露营！哪样的困倦饥寒他没有忍受过！觉睡得极少，饭也吃得极少，可是头脑仍经常显得高度活跃。在雾月十八日的整天紧张活动之后，到了半夜，虽然他整天没有进什么饮食，却毫不考虑自己的体力，还有足够的精力在深更半夜里写出那份著名的告法兰西人民书。如果想一想拿破仑所成就和所忍受的一切，就可以想象到，在他四十岁的时候，身上已没有哪一点还是健全的了。可是甚至到了那样的年龄，他还是作为一个完好的英雄挺立着。"

"不过你刚才说得对，他的鼎盛时期是在少年时期。一个出身寒微的人，处在群雄角逐的时代，能够在二十七岁就成为一国三千万人民的崇拜对象，这确实不简单啊。呃，好朋友，要成就大事业，就要趁青年时代。拿破仑不是唯一的例子……历史上有成百上千的能干人在青年时期就已在内阁里或战场上立了大功，博得了巨大的声誉。"

信童传情

[美]欧·亨利

作者简介

欧·亨利（1862—1910），他不仅是美国短篇小说家，还是美国现代短篇小说创始人，更是世界三大短篇小说大师之一。他为人们熟知的作品有《麦琪的礼物》《警察与赞美诗》等。

内容简介

作者笔下的男女主人公通过一个小信童解开了彼此间的误会，他们不仅谅解了对方，还重新收获了爱情。这个皆大欢喜的故事告诉我们，原来，误会的化解有时候只需要一个小契机和一点小努力。

名篇节选

一

在这样的季节，这样的时刻，公园里少有纷至沓来的游客。看来端坐在公园小径边长椅上的年轻姑娘只是凭一时冲动，跑来坐一会儿，赶在前头领略一下早春的景色。

她一动也不动地靠在椅子上，在沉思着。脸上流露出的一丝忧郁神情想来还只是前不久才产生的，因为她面颊上那年轻而娟秀的轮廓并无变化，她那线条分明的拱状嘴唇也未曾有丝毫的减损。

一个身材颀长的小伙子沿着她座位旁边的小径大步穿过公园走过来，后面紧随着一个扛着一只衣箱的男孩。他一眼瞥见那个姑娘，脸一下子变红了，再由红变成苍白。他一路走过来，一边紧盯着她的面庞，脸上泛出既焦虑又渴望的神情。他从离她只有几码远的地方走过去，但是看不出她注意到了他的出现和存在。

他往前走了大约四十五米，猛地止步，在一边的长凳坐下。那男孩放下衣箱,用一双机灵而不解的眼睛看着他。小伙子掏出手帕擦了擦眉毛。手帕很好看，眉毛也很好看，小伙子本人更是很好看。他对孩子说：

“你给我送个信儿给那条长凳上的小姐，告诉她我这是在去火车站的途中，即将到旧金山参加赴阿拉斯加驼鹿猎捕队。告诉她既然她吩咐我不准同她说话也不准写信给她，我只好用这种办法作最后一次请求，看她能不能明断事理，为的是我同她已经有了那么深的关系。告诉她谴责、抛弃一个不该这样对待的人，既不说明理由，又不容人家分辩，这同我原来认为的她的个性不相吻合。告诉她我这样做在某种程度上有悖于她的禁令，只是希望她仍能用明断来解决问题。去吧，就这般告诉她。”

小伙子说着往小家伙手里搁了半块钱。那小家伙长有一张聪颖的脸庞，但沾满了泥垢。他以他那明亮而机警的眼睛看了小伙子一会儿，然后撒开腿跑去了。他走近那姑娘时，神情有点儿疑惑不定但并不局促不安，只是碰了碰压在脑勺上的那顶骑自行车时戴的旧方格呢帽的帽边。小姐不冷不热，静静地瞧着他。

“小姐，”他说，“那边椅子上的先生打发我来给您唱一段，舞一段。您要是不认识那家伙，那就是他在轻狂调戏，您只要说一句话，只消三分钟我就把警察叫来。要是您真格儿的认识他，那他就是诚实的，那么他要我来对您讲那么多的空话是事出有因的了。”

姑娘流露出了一点点兴趣。

二

“唱歌跳舞！”她说话时声音甜美而又不慌不忙，“一个倒很新鲜的主意——我看来一段抒情的。我——以前认识那个打发你上这儿来的先生，我看就没有必要去叫警察了。你就唱哇跳哇好啦。不过唱得别太响，现在玩杂耍演出还嫌早了点儿，咱们会招引人家注意的。”

“噢！”小家伙说话时，浑身都随之耸动起来，“您知道我的意思，小姐。不是演节目，而是一通空话。他让我告诉您，他已经把他的衣领衣袖都装进旅行袋，准备一溜烟跑到旧金山去。然后他要去克朗克达打雪鸥。他说您吩咐他不要送粉红色的书信，也不许他在花园大门口转悠，所以他想出这招儿来，让您了解了解。他说您把他像一个‘曾经好过’的人那般给扔开了，还不让他有机会对您这么做表示反对意见。说您打击过他，也不道出个究竟来。”

此刻年轻小姐的眸子里复苏起来的那么点儿兴趣未见减少，兴许是由这位打雪鸥人的创造性或者是勇气所引起来的。就这样她原来明确反对用任何普通方式进行接触的禁令被打破了。于是她眼盯着公园里那一座郁郁寡欢地立在那里的塑像，对送信的使者说道：

“告诉那位先生，我用不着向他重复表述我的理想，这些他过去知道现在也很清楚。碰到这桩事，我们最高理想是绝对的忠贞和实事求是。告诉他我像一个常人那样理解我的心情，既知道它软弱的一面，也知道它渴求的一面。这就是为什么我不听他的辩解，不管是什么辩解。不过，既然他执意要听听他已经十分明了的事由，那么你可以转告他。

“告诉他那天晚上我从后面进了那温室，想为我母亲折一枝玫瑰。告诉他我看见他同阿什伯顿小姐在粉红色的夹竹桃下面……”

这时小家伙跑了，脚下的沙砾飞迸开来，一转眼他站在另一张椅子旁边。小伙子急切地用眼光询问着他。

“那小姐说，她亲眼见你在那个温室里搂着另一个姑娘。她是打一个边门走进去的，想要摘玫瑰花，却见你紧搂着那个姑娘。她说当时看着才逗人呐，啊哟哟，不过让她恶心。她说你快点儿溜走去赶火车吧。”

小伙子轻声打了个口哨，眼睛一忽闪，猛然来了主意。他的手飞快地插进口袋里，掏出一扎信来，选出一封递给那个小家伙，随后又从衬衣口袋里掏出一块银元。

“把这封信给那位小姐，”他说，“请她看一看。对她说这封信能说清在温室里的情况。对她说哪怕她对自己理想中的信念掺进一点点的信任，也许就会避免掉很厉害的心痛病。对她说她视为珍宝的忠贞之情一丝也没动摇，我在等候回话。”

三

信童站在小姐面前。

“先生说没来由叫他受那么多的窝囊话。他说他不是虚情假意的人。

小姐，您看看这封信。我拿得定他是个清白的好汉子，错不了。”

年轻的小姐有点儿将信将疑地打开信，看起来。

亲爱的阿诺尔特先生：

感谢您。上星期五晚上我女儿参加在温室中举行的沃尔德伦太太的宴会时，心脏病发作，由于您最仁慈及时的帮助，她得救了。在她即将摔倒的时候，要不是您在附近扶住她并给予恰当的照护，我们现在也许已失去她了。如您能光临并给她诊治疾病，本人将十分高兴。再致谢意。

罗伯特·阿什伯顿

姑娘将信叠好，交给了那个男孩。

“先生要讨个回话哪，”小信使说，“给什么回话？”

小姐的眼睛一下子变得湿漉漉的，但是透亮透亮的，满是笑意。

“去告诉那长凳上的人，”她高兴得笑声里都打着微颤，“说姑娘要他过来。”

敬告译者

在本书编写过程中，我们选用了部分适合“统编教材”阅读导向的名著翻译作品，在此，我们对这些作品的译者表示崇高的敬意和感谢！但有些译者的姓名和地址不详，我们无法取得联系，敬请各位有著作权的译者与我们联系，以便支付稿酬，并致谢忱！

联系地址：辽宁美术出版社

联系人：李欣阳

电话：（024）23835174

请沿虚线剪下

写作梦工场

《统编教材阅读延展（中学外国名篇）》读后感

1. 提交你最满意的作品，主题名确、结构完整、语言流畅，保证原创性。同学们可自由发挥想象，各种文体我们统统欢迎。

2. 一、二年级同学，作品字数要求在 100~300 字之间，三年级以上的同学作品字数要求在 300 字以上。

3. 一定不要忘记在征文结尾写下你的学校、班级、姓名和指导教师。

4. 如果字数多可以另附稿纸，和前几页装订在一起哟。

开学的时候，请将你的作品交给老师。祝福你的写作道路越走越宽畅。

学校：________ 班级：________ 姓名：________ 指导教师：________

请沿虚线剪下

学校：________ 班级：________ 姓名：________ 指导教师：________

请沿虚线剪下

学校：________ 班级：________ 姓名：________ 指导教师：________

请沿虚线剪下

学校：________ 班级：________ 姓名：________ 指导教师：________